会计专业独立董事本地任职与资本成本研究

黄 波/著

中国财经出版传媒集团
中国财政经济出版社

图书在版编目（CIP）数据

会计专业独立董事本地任职与资本成本研究／黄波著．--北京：中国财政经济出版社，2021.7
ISBN 978-7-5223-0606-3

Ⅰ.①会… Ⅱ.①黄… Ⅲ.①上市公司-董事-成本分析-中国 Ⅳ.①F279.246

中国版本图书馆 CIP 数据核字（2021）第 122775 号

责任编辑：李　静　　　　　责任校对：张　凡

会计专业独立董事本地任职与资本成本研究
KUAIJI ZHUANYE DULI DONGSHI BENDI RENZHI YU
ZIBEN CHENGBEN YANJIU

中国财政经济出版社 出版

URL：http://www.cfeph.cn
E-mail：cfeph@cfeph.cn

（版权所有　翻印必究）

社址：北京市海淀区阜成路甲 28 号　邮政编码：100142
营销中心电话：010-88191522
天猫网店：中国财政经济出版社旗舰店
网址：https://zgczjjcbs.tmall.com
北京财经印刷厂印刷　　各地新华书店经销
成品尺寸：147mm×210mm　32 开　7.625 印张　177 000 字
2021 年 7 月第 1 版　2021 年 7 月北京第 1 次印刷
定价：33.00 元
ISBN 978-7-5223-0606-3
（图书出现印装问题，本社负责调换，电话：010-88190548）
本社质量投诉电话：010-88190744
打击盗版举报热线：010-88191661　QQ：2242791300

内容摘要

作为财务学领域的核心概念,资本成本一直是学术界和实务界所关注的重点问题。从融资的角度来看,资本成本是企业进行外部融资时所支付的代价;从投资的角度来看,资本成本是投资者所要求的最低回报率,资本成本的高低与公司投融资决策紧密相关,从而对公司价值产生影响。根据资金来源方式的不同,资本成本可以分为银行贷款成本、债券融资成本和权益资本成本。会计信息是影响资本成本最重要的因素之一,高质量的会计信息有利于缓解企业与债权人和股东的信息不对称,降低债权人和股东对企业风险的感知,从而有助于企业获得更低的资本成本。公司治理是保证企业会计信息质量的一种重要的机制,公司治理水平的高低直接影响企业的会计信息质量。为了提高我国上市公司的公司治理水平,我国开始借鉴西方发达国家的公司治理模式,将独立董事制度引入我国上市公司。2001年中国证券监督管理委员会(以下简称"中国证监会")颁布了《关于在上市公司建立独立董事制度的指导意见》,其中要求上市公司中独立董事占所有董事会成员的比例至少为1/3,且这些独立董事中至少要有一名会计专业人士。会计专业独立董事由于其具备会计方面的技术专长,因此,在保障企业会计信息质量上被寄予厚望。但是,已有研究成果发现不同背景的会计专业独立董事对企业会计信息质量的影响表现出异质性,近年来地理位置与会计专业独立董事结合的文献逐渐兴起,有学者发现本地任职的会计专业独立董事能够发挥更好的信息治理效应,提高企业的信息透明度。那么作为信息需求者,债权人和股东是否能够识别会计专业独立董事本地任职的这种治理效应而向企业索取更低的资本成本呢?即会计专业独立董事本地任职是否会影响企业的资本成本呢?

由于会计专业独立董事是在一定的环境下执行其职能的,因而公司的内外部环境会对会计专业独立董事本地任职的治理效果产生影响。管理层权力和法制环境是企业重要的内外部环境,管理层权力和法制环境的不同会使会计专业独立董事本地任职的治理效果产生差异,进而影响到企业的资本成本。因此,有必要在不同的管理层权力和法制环境的情境下研究会计专业独立董事本地任职与资本成本的关系,以便更深入地理解会计专业独立董事本地任职对资本成本的影响。

资本成本是企业进行研发项目决策所需要考虑的一个重要因素,当企业的资本成本较高时,意味着企业面临着较大的融资约束,一些好的研发项目可能因为融资不足而不得不放弃。如果会计专业独立董事本地任职能够降低企业的资本成本,那么企业的融资约束得到缓解后,是否会将更多的资金投入到企业创新中呢?换句话说,会计专业独立董事本地任职是否通过降低资本成本促进了企业的创新投入呢?

基于以上的问题,本书围绕着会计专业独立董事本地任职与资本成本两者之间的关系进行研究。在提出本书所关注的问题后,本书按照理论分析——实证检验——研究结论的思路展开研究。首先,本书结合契约理论、信息不对称理论、委托代理理论和投资者保护理论等基础理论,从理论上阐述会计专业独立董事本地任职如何影响资本成本。其次,本书对所关注的问题进行了实证检验，具体而言，在第4至第6章中，分别基于银行信贷市场、债券市场和股票市场，利用我国上市公司的数据，检验了会计专业独立董事本地任职与各类资本成本的关系。最后，形成本书的研究结论，并阐述通过本书的研究得到的启示、研究不足之处和研究展望。本书的研究内容分为七章。

第1章　绪论。本章首先对本书的研究背景进行了介绍，并从理论和实践两方面分析本书研究的意义，然后对本书所涉及的相关变量进行了概念界定，并介绍了本书的研究目标、研究内容、研究思路和研究方法，最后概括本书的贡献和创新之处。

第2章　文献综述。根据本书的研究主题，从以下两个方面对已有文献进行了回顾：首先对独立董事的相关文献进行了梳理，主要内容包括会计专业独立董事信息治理的相关文献、会计专业独立董事本地任职的相关文献、独立董事与公司投融资的相关文献；其次从融资来源的角度出发将资本成本分为银行贷款成本、债券融资成本和权益资本成本三个方面并对这三个方面的影响因素的文献分别进行梳理。

第3章　理论基础。结合本书的研究内容，本章将契约理论、信息不对称理论、委托代理理论和投资者保护理论作为本书的理论基础，并对这些理论进行介绍，为本书进行理论分析提供理论上的支持。

第4章　会计专业独立董事本地任职对银行贷款成本的影响。本章甚于银行信贷市场对会计专业独立董事本地任职与银行贷款成本的关系进行研究。首先，本章对会计专业独立董事本地任职如何影响银行贷款成本以及管理层权力和法制环境对两者关系的影响进行理论上的分析并提出研究假设；其次，以2007—2016年我国A股非金融类上市公司为研究样本，对相关的假设进行实证检验；最后，进一步探讨会计专业独立董事本地任职影响银行贷款成本后对企业创新投入带来的影响。

第5章 会计专业独立董事本地任职对债券融资成本的影响。本章基于债券市场探讨了会计专业独立董事本地任职与债券融资成本的关系。首先，本章对会计专业独立董事本地任职如何影响债券融资成本以及管理层权力和法制环境对两者关系的影响进行理论上的分析并提出研究假设；其次，选择2007—2016年我国A股非金融类上市公司为研究对象，对相关的假设进行实证检验；最后，进一步探讨会计专业独立董事本地任职影响债券融资成本后对企业创新投入带来的影响。

第6章 会计专业独立董事本地任职对权益资本成本的影响。本章基于股票市场考察了会计专业独立董事本地任职与权益资本成本的关系。首先，本章对会计专业独立董事本地任职对权益资本成本的影响以及管理层权力和法制环境对两者关系的影响进行理论上的分析并提出相应的假设，其次，利用2007—2016年我国A股非金融类上市公司的数据，对相关的假设进行实证检验；最后，进一步探讨会计专业独立董事本地任职影响权益资本成本后对企业创新投入带来的影响。

第7章 研究结论、局限与展望。本章主要对本书的研究进行总结，概括本书的研究结论，并针对研究结论得出相应的启示，最后阐述本书研究的不足之处并指出未来可以进一步研究的方向。

通过本书的研究得到以下结论：

（1）基于银行信贷市场，对会计专业独立董事本地任职与银行贷款成本的关系进行检验，研究发现会计专业独立董事本地任职降低了企业的银行贷款成本，管理层权力和法制环境减弱了会计专业独立董事本地任职与银行贷款成本之间的负相关关系。路径检验发现，信息披露质量在会计专业独立董事本地任职影响银行贷款成本的过程中发挥了部分中介作用。进一步区分产权性质探讨了会计专业独立董事本地任职对银行贷款成本的影响，研究发现，国有产权性质减弱了会计专业独立董事本地任职对银行贷款成本的降低作用。进一步以企业创新投入为研究视角，检验了会计专业独立董事本地任职影响银行贷款成本所产生的经济后果，研究发现，会计专业独立董事本地任职通过降低银行贷款成本促进了企业创新投入。

（2）基于债券市场，对会计专业独立董事本地任职与债券融资成本的关系进行检验，研究发现会计专业独立董事本地任职降低了企业的债券融资成本，管理层权力和法制环境减弱了会计专业独立董事本地任职与债券融资成本之间的负相关关系。路径检验发现，信息披露质量在会计专业独立董事本地任职影响债券融资成本的过程中发挥了部分中介作用。进一步对不同的产权性质下会计专业独立董事本地任职与债券融资成本的关系进行考察，研究发现，相比于国有企业，在非国有企业中会计专业独立董事本地任职对债券融资成本的影响更显著。进一步以企业创新投入为研究视角，考察了会计专业独立董事本地任职降低债券融资成本所带来的影响，研究发现，会计专业独立董事本地任职未通过影响债券融资成本而对企业创新投入产生影响。

（3）基于股票市场，对会计专业独立董事本地任职与权益资本成本的关系展开研究，研究发现会计专业独立董事本地任职降低了权益资本成本，管理层权力和法制环境减弱了会计专业独立董事本地任职与权益资本成本之间的负相关关系。路径检验发现，信息披露质量在会计专业独立董事本地任职影响权益资本成本的过程中发挥了部分中介作用。进一步将会计专业独立董事本地任职与权益资本成本的关系置于不同的产权性质下进行考察，研究发现，国有产权性质减弱了会计专业独立董事本地任职对权益资本成本的影响。进一步以企业创新投入为研究视角，检验了会计专业独立董事降低权益资本成本所带来的影响，研究发现，会计专业独立董事本地任职通过降低权益资本成本促进了企业创新投入。

本书研究的贡献和创新点主要体现为以下几个方面：

（1）丰富了债务资本成本影响因素的相关研究。已有文献从独立董事的金融背景、独立董事网络特征和独立董事兼职席位等角度探讨独立董事制度与债务资本成本的关系，忽略了独立董事地理位置差异对债务资本成本可能的影响。本书以独立董事的地理距离特征为切入点，考察了会计专业独立董事本地任职对债务资本成本的影响，对已有债务资本成本影响因素的文献进行了补充。

（2）丰富了权益资本成本影响因素的相关研究。已有关于独立董事制度与权益资本成本的文献主要探讨了独立董事比例对权益资本成本的影响。本书从会计专业独立董事本地任职这一视角出发，研究其对权益资本成本的影响，补充了现有关于权益资本成本影响因素的文献。

（3）将会计专业独立董事本地任职、公司内外部环境和资本成本纳入同一框架进行研究，探讨了三者之间的关系。本书在对会计专业独立董事本地任职与资本成本的关系进行研究后，进一步探讨了内外部环境（管理层权力和法制环境）对会计专业独立董事本地任职与资本成本关系的影响，丰富了会计专业独立董事本地任职与公司内外部环境互动的相关文献。

目 录

第 1 章 绪论 ······· 1
 1.1 研究背景与研究意义 ······· 1
 1.2 相关概念界定 ······· 6
 1.3 研究目标与研究内容 ······· 9
 1.4 研究思路与研究方法 ······· 14
 1.5 本书的主要创新之处 ······· 17

第 2 章 文献综述 ······· 18
 2.1 独立董事的相关文献 ······· 18
 2.2 资本成本的相关文献 ······· 26
 2.3 文献述评 ······· 57

第 3 章 理论基础 ······· 59
 3.1 契约理论 ······· 59
 3.2 信息不对称理论 ······· 61
 3.3 委托代理理论 ······· 64
 3.4 投资者保护理论 ······· 67
 3.5 会计专业独立董事本地任职与信息不对称 ······· 70
 3.6 本章小结 ······· 71

第 4 章 会计专业独立董事本地任职对银行贷款成本的影响 …… **72**
4.1 理论分析与研究假设 …… **72**
4.2 研究设计 …… **77**
4.3 实证分析 …… **81**
4.4 本章小结 …… **107**

第 5 章 会计专业独立董事本地任职对债券融资成本的影响 …… **110**
5.1 理论分析与研究假设 …… **110**
5.2 研究设计 …… **115**
5.3 实证分析 …… **119**
5.4 本章小结 …… **149**

第 6 章 会计专业独立董事本地任职对权益资本成本的影响 …… **152**
6.1 理论分析与研究假设 …… **152**
6.2 研究设计 …… **157**
6.3 实证分析 …… **162**
6.4 本章小结 …… **192**

第 7 章 研究结论、局限与展望 …… **195**
7.1 研究结论 …… **195**
7.2 启示 …… **198**
7.3 研究局限与展望 …… **200**

参考文献 …… **202**

第1章 绪论

作为本书的开端,本章首先通过对研究背景的交代引出本书所要研究的主题,并阐明对本书进行研究所具有的理论意义和实践意义,接着对本书研究所涉及的相关变量进行了概念界定,然后对本书的研究目标、研究内容、研究思路和研究方法进行了交代,最后阐述了本书可能存在的创新点。

1.1 研究背景与研究意义

1.1.1 研究背景

资本成本在现代财务管理学中居于重要的地位,对公司的财务决策和价值估值都具有影响。Modigliani and Miller(1958)是最早关注资本成本的学者,他们在文中探讨了资本结构、资本成本和融资与企业价值的关系。此后,学者们对资本成本的问题进行了大量的研究,资本成本对公司投融资和企业价值的影响受到了广泛的关注。从融资的角度来看,资本成本是企业在对外融资过程中所支付的代价,比如,企业向银行等债权人借款时,需要支付一定的利息,企业的债务资本成本就表现为企业所支付的利息;

企业向股东筹措资金时，需要支付一定的股息给投资者，企业的权益资本成本表现为企业为股东支付的股息。企业作为融资人，自然希望获得的资本成本越少越好，因为资本成本越小，企业取得经营利润越大。从投资的角度来看，资本成本是企业评价投资项目的标准，企业将筹得的资金用于投资项目，希望所得到的收益至少能覆盖所付出的资金成本，因此会把资本成本作为最低投资回报率。只有投资回报率大于资本成本的项目才是可行的。此外，计算企业价值的方式往往是将企业的预期未来现金流按照一定的折现率折合为现值，而资本成本通常被选作为折现率。一般来说，资本成本越小，企业价值的评估值越大，因此减少资本成本有利于企业价值的提升。鉴于此，对资本成本的影响因素进行研究具有一定的理论和现实意义。

债务融资和权益融资是企业最重要的两种外部融资方式。按照融资来源分类，资本成本可以分为债务资本成本和权益资本成本，其中债务按照来源的不同又可以区分为银行贷款和债券融资，因此，债务资本成本又可以细分为银行贷款成本和债券融资成本。一系列的研究表明，企业的会计信息质量对债务资本成本和权益资本成本具有重要的影响。债权人和权益投资者作为企业资金的供给者，会根据企业的偿债能力和风险状况的不同对企业索取不同的风险溢价，进而反映到债务资本成本和权益资本成本上。当企业披露的会计信息质量较差时，作为外部人的债权人和权益投资者与企业存在较为严重的信息不对称，为了规避由信息不对称带来的信息风险和道德风险，债权人和权益投资者会对企业要求更高的风险补偿，从而推高企业的债务资本成本和权益资本成本。而企业会计信息质量的提高有利于缓解企业与债权人和权益投资者之间的信息不对称，使债权人和权益投资者能更好地估计企业的风险，进而降低债务资本成本和权益资本成本。

资本市场上的会计信息质量一直以来是投资者所关注的重点问题，失真的会计信息会对投资者的信心和市场资源配置效率带来不良的影响。公司治理的缺陷是导致会计信息质量低下的直接原因（刘立国和杜莹，2003）。为了改善我国上市公司的公司治理状况，2001年，中国证券监督管理委员会开始将欧美的独立董事制度引入我国上市公司，颁布了《关于在上市公司建立独立董事制度的指导意见》（以下简称《指导意见》）。在《指导意见》中赋予了独立董事对提名或任免董事、聘任或解雇经理人和重大关联交易的认可等重大事项发表意见的权力。从理论上来说，独立董事对现存于我国上市公司的第一类代理（Adams等，2010）和第二类代理问题（叶康涛等，2011；叶康涛等，2007）都有一定的治理作用，从而能够提高企业的盈余质量。但是由于上市公司的独立董事由不同背景的人员构成，不同背景的独立董事对会计信息质量的影响差异较大。从整体上看，独立董事并未提高企业的盈余质量（王兵，2007），而具有会计专长的会计专业独立董事却显著提高了企业的盈余质量（王兵，2007；胡奕明和唐松莲，2008）。此后，很多学者开始从不同的角度研究会计专业独立董事对公司会计信息质量的影响，相关研究发现不同特征的会计专业独立董事对会计信息质量的保证作用不同（曹洋和林树，2011；向锐，2014；向寿生和薛小荣，2016）。地理位置是独立董事的特征之一，近年来关于独立董事的地理位置的相关研究不断涌现，其中有少量的文献将目光聚焦于会计专业独立董事的地理位置特征。现有研究发现，地理位置会对会计专业独立董事的治理效果产生影响。相比于异地会计专业独立董事，本地会计专业独立董事发挥了更强的信息治理作用，更有助于会计信息质量的提高（黄芳和杨七中，2016；董红晔，2016；赵放等，2017）。那么对高质量的会计信息有需求的债权人和权益投资者是否能识别本地会计专业独立董事的这种信息治理作用,而给予企业更低的资本成本呢?这方面的研究还很欠缺,因此有必要对会计专业独立董事本地任职与资本成本的关系进行研究。

会计专业独立董事是在一定的环境下执行其职能的,内外部环境对会计专业独立董事治理作用的发挥具有影响。管理层权力和法制环境是公司面临的重要内外部环境,由于公司管理层权力和法制环境的不同,会计专业独立董事本地任职对会计信息的质量作用会产生差异,进而影响到企业的资本成本。因此,为了更全面地理解会计专业独立董事本地任职对资本成本的影响,本书有必要在不同的管理层权力和法制环境的情境下对会计专业独立董事本地任职与资本成本的关系进行考察。

资本成本是影响企业研发项目决策的一个重要的因素,当企业的资本成本较高时,企业面临的融资约束较大,此时一些好的研发项目由于资金不足很可能被迫放弃。如果会计专业独立董事本地任职降低了企业的资本成本,资本成本的降低缓解了企业的融资约束,那么企业是否会将更多的资金投入到创新项目中呢?即会计专业独立董事是否通过降低企业的资本成本促进了企业的创新投入?

鉴于此,本书以2007—2016年我国沪深A股非金融类上市公司为研究对象,针对以下的问题进行研究:(1)考察会计专业独立董事本地任职与银行贷款成本的关系以及在不同的管理层权力和法制环境下会计专业独立董事本地任职与银行贷款成本的关系;(2)考察会计专业独立董事本地任职与债券融资成本的关系以及在不同的管理层权力和法制环境下会计专业独立董事本地任职与债券融资成本的关系;(3)考察会计专业独立董事本地任职与权益资本成本的关系以及不同的管理层权力和法制环境下会计专业独立董事本地任职与权益资本成本的关系;(4)以企业创新投入为视角，研究会计专业独立董事本地任职影响资本成本所产生的经济后果。

1.1.2 研究意义

资本成本在企业的投融资和价值评估上具有重要的作用，降低资本成本有利于企业的生存和发展。会计专业独立董事的履职行为会影响企业的会计信息，进而影响企业的资本成本。本书从会计专业独立董事本地任职这一独特的视角出发，探讨企业控制资本成本的方式。研究结果对于相关理论的补充和企业现实问题的解决都有一定的贡献。

（1）理论意义。从理论意义上来看，本书的理论贡献主要体现在以下几个方面：第一，丰富了资本成本的研究视角。本书以会计专业独立董事本地任职为切入点，分别研究了其对银行贷款成本、债券融资成本和权益资本成本的影响，为进行资本成本研究开辟了新的视角，丰富了有关银行贷款成本、债券融资成本和权益资本成本影响因素的文献。第二，丰富了会计专业独立董事本地任职的经济后果的研究。以往的文献主要关注的是会计专业独立董事本地任职对会计信息和股价崩盘风险的影响，与之不同，本书针对会计专业独立董事本地任职在资本成本（银行贷款成本、债券融资成本和权益资本成本）上的作用展开研究，对会计专业独立董事本地任职经济后果方面的文献进行了拓展。第三，将管理层权力和法制环境等内外部环境引入会计专业独立董事本地任职与资本成本的研究框架中，丰富了会计专业独立董事本地任职与内外部环境互动的相关理论。本书在检验会计专业独立董事本地任职对资本成本的影响后，进一步探讨了管理层权力和法制环境对会计专业独立董事本地任职与资本成本两者关系的影响，为会计专业独立董事本地任职与内外部环境的互动增添理论贡献。

（2）实践意义。从实践意义上来看，本书的实践意义表现在以下几个方面：第一，本书的研究有助于为上市公司合理有效引进本地会计专业独立董事提供参考。由于本地会计专业独立董事在信息治理上的优势能够降低企业的资本成本，因此，上市公司应该重视本地会计专业独立董事的作用，并合理配置本地会计专业独立董事，以便获得更优惠的资本成本。第二，本书的研究有助于为资金供给者的决策提供参考。由于会计专业独立董事与上市公司地理距离的远近可以向外界传递会计专业独立董事的信息治理情况，债权人和权益投资者可以据此了解企业的信息状况，降低投资风险，作出合理的投资决策，提高资源配置效率。

1.2 相关概念界定

1.2.1 会计专业独立董事本地任职

在对会计专业独立董事本地任职的概念进行界定之前，首先有必要对会计专业独立董事的概念进行梳理。2001年颁布的《关于在上市公司建立独立董事制度的指导意见》（以下简称《指导意见》）规定，上市公司的独立董事人数占董事会成员数的比例至少为1/3，且这些独立董事中至少要有一名会计专业人士（有高级职称或注册会计师资格的人士）。在已有研究中，少有文献对会计专业独立董事进行了定义。Bedard等（2004）认为会计专长人士主要包括具有注册会计师资格的人士、具有财务分析师资格的人士和具有财务或会计工作经历的人士。曹洋和林树（2011）认为《指导意见》中对于会计专业独立董事的定义主要强调的是其相关的资格，而没有关注会计或审计相关的工作经历（西方的文献发现具有会计或审计从业经历的独立董事对盈余管理起到了显著的降低作用）。因此，他们将会计专业独立董事的定义在《指导意见》的基础上扩大至有会计或审计相关从业经历的人员。张世鹏等（2013）将会计专业独立董事定义为具有会计或审计背景的独立董事，主要包括会计和审计领域方面的研究专家、具有会计和审计方面从业经历的人员（注册会计师、财务经理和财务总监等），但不包括广义上的财务专家，如经济学专家、银行家和证券投资专家等。结合已有研究，本书认为会计（含财务管理和审计）方面相关的资格、会计（含财务管理和审计）方面的研究经历、会计（含财务管理和审计）方面的从业经历均能代表在会计专业方面具有一定的专长。因此，将会计专业独立董事界定为至少满足以下三个条件之一的人员：（1）具有相关资格（注册会计师资格和会计高级职称）的人员；（2）会计（含财务管理和审计）方面的研究专家（主要指高校和科研院所的任职人员）；（3）具有会计（含财务管理和审计）方面从业经历的人员。

独立董事本地任职是根据独立董事任职地点的差异衍生出的一个概念。曹春方和林雁（2017）以独立董事与上市公司是否处于同一个省份为标准，将独立董事区分为本地独立董事和异地独立董事，如独立董事来源于上市公司所在的省份则为本地独立董事，否则为异地独立董事。周泽将和刘中燕（2017）将独立董事本地任职定义为独立董事的本职工作地与上市公司注册地同属一个省、直辖市或自治区。黄芳、杨七中（2016）和董红晔（2016）从会计独立董事这类单独的独立董事出发研究本地任职效应，他们将会计专业独立董事日常工作地与上市公司注册所在地是否一致为标准,将会计专业独立董事区分为本地会计专业独立董事和异地会计专业独立董事,其中会计专业独立董事日常工作地与上市公司注册所在地保持一致的为本地会计专业独立董事,反之则为异地会计专业独立董事。根据以上学者的研究,本书将会计专业独立董事本地任职定义为会计专业独立董事的本职工作地与其所兼职的上市公司注册地保持一致(同属一个省、直辖市或自治区)的任职行为。

1.2.2 资本成本

资本成本是财务学理论的核心概念,那么资本成本的含义是什么呢?西方早期的经济学家对什么是资本成本给出了各自的定义。Modigliani and Miller(1958)在其著作中阐述了著名的 MM 理论,资本成本的研究也由此展开。他们指出,在理想环境下,公司在有形资产收益率与市场利率相等的这点上进行投资,资本成本就等于市场利率。而在现实情况下,由于存在不确定性,资本成本需要在市场利率的基础上加上风险溢价。由此,从投资者的角度来看,资本成本是一个项目能够被接受的最低期望回报率。《新帕尔格雷夫货币金融大辞典》对资本成本的概念进行了阐述,其定义为商业资产的投资者所期望的预期回报率,即资金供给者(债权人和股东)对企业提供资金所要求的预期收益率。根据投资者的视角,企业要为资本的使用支付费用的原因在于债权人和股东将资金使用权让渡给企业时就意味着放弃了其他投资可能带来的收益,企业要对这部分收益进行弥补。而且企业将资金用于投资项目中是存在风险的,债权人和股东会根据其所感知的风险的大小索取相应的风险溢价。因此,资本成本反映的是考虑风险之后投资者所要求的最低预期回报率。

我国学者对于资本成本的认识随着研究的深入越来越清晰。

早前很多国内公司的理财教材将资本成本定义为：资本成本是企业在筹资和资金使用过程中所支付的费用，资金筹集费和资金占用费是其主要构成部分。很明显，这个关于资本成本的概念与资本成本的本质是不吻合的。随着对财务管理问题研究的深入，学术界对资本成本的认识慢慢向西方的概念界定靠拢。朱武祥等（2005）认为，投资者将资金投资项目中存在机会成本，资本成本就是投资者放弃这部分资金的其他用途所要求的必要回报率。

资本成本大体上可以概括为以下三种，分别为个别资本成本、加权平均资本成本和边际资本成本。个别资本成本是指某种单一融资手段的资本成本，主要包括债务资本成本（包含银行贷款成本和债券融资成本）和权益资本成本。加权平均资本成本区别于个别资本成本，是针对所有资本要素估算的资本成本，通常为各个资本要素以一定的权重进行加权平均所得。边际资本成本是指企业每追加一单位的资本所需要支付的资本成本。边际资本成本通常应用于企业的追加融资决策。由于本书立足于不同融资来源的角度来探讨会计专业独立董事本地任职对各类资本成本的影响，因此，本书的资本成本的范畴包括银行贷款成本、债券融资成本和权益资本成本这三类个别资本成本。

1.3 研究目标与研究内容

1.3.1 研究目标

本书通过对独立董事与资本成本的相关文献进行了详细的梳

理,以此发现现有研究的不足,并抓住研究契机对相关问题进行理论上的分析和实证上的检验。作为具有会计专长的会计专业独立董事,对上市公司具有信息治理的作用,尤其是本地的会计专业独立董事发挥了更强的信息治理作用,那么本地会计专业独立董事的这种信息治理作用是否能影响资本成本呢?目前关于这方面的文献还很缺乏,于是本书尝试着对会计专业独立董事本地任职与资本成本的关系进行探索。具体而言,本书要实现的目标如下:

(1)针对银行信贷市场和债券市场,分别探讨会计专业独立董事本地任职的信息治理作用对债务资本成本(银行贷款成本和债券融资成本)的影响。考虑到会计专业独立董事的治理作用会受到公司内外部环境的影响,结合管理层权力和法制环境,检验两者对会计专业独立董事本地任职与债务资本成本关系的影响。

(2)针对股票市场,检验权益资本成本对会计专业独立董事本地任职的信息治理作用的反映。由于公司内外部环境会影响会计专业独立董事治理功能的发挥,针对不同的管理层权力和法制环境的情境下对会计专业独立董事本地任职与权益资本成本的关系展开进一步探讨。

(3)以企业创新投入为视角,探讨会计专业独立董事本地任职影响资本成本所产生的经济后果,具体而言,检验会计专业独立董事本地任职对各类资本成本(银行贷款成本、债券融资成本和权益资本成本)的影响是否能影响企业创新投入。

1.3.2 研究内容

本书的研究内容主要包括以下七个章节:
第1章 绪论。本章主要介绍了本书的研究背景及研究意义、相关概念界定、研究目标与研究内容、研究思路与研究方法和主要创新之处。首选阐明了资本成本在企业中的地位以及会计信息对资本成本的影响，在此基础上引出会计专业独立董事本地任职与资本成本的关系以及不同的内外部环境下会计专业独立董事本地任职与资本成本的关系的话题，并阐述该项研究的必要性以及研究意义；其次，对本书涉及的相关概念进行了界定；再次，对本书研究所要达到的目标、本书研究的内容、研究的思路以及具体研究方法进行了交代；最后，对本书的主要创新点进行总结。

第2章 文献综述。本章结合本书的研究内容，针对以下两个方面的主题进行了文献综述。首先梳理了独立董事方面的相关研究，主要包括会计专业独立董事信息治理的相关文献、会计专业独立董事本地任职的相关文献、独立董事与公司投融资的相关文献。其次，对资本成本的相关研究进行了梳理，主要包括银行贷款成本的影响因素的相关文献、债券融资成本的影响因素的相关文献和权益资本成本影响因素的相关文献。通过对以上文献的梳理，可以对会计专业独立董事本地任职与资本成本的相关研究现状和研究不足有个清楚的把握，有利于提炼和归纳本书的创新之处。

第3章 理论基础。本章回顾了本书研究可能涉及的相关理论，分别为契约理论、信息不对称理论、委托代理理论和投资者保护理论，为下文分析会计专业独立董事本地任职对资本成本的作用机制做理论上的铺垫。

第4章 会计专业独立董事本地任职对银行贷款成本的影响。本章基于银行信贷市场，从理论上分析了会计专业独立董事本地任职对银行贷款成本的影响并提出相关的假设，以2007—2016年我国沪深A股上市公司为研究对象，利用相关的模型实证检验了会计专业独立董事本地任职对银行贷款成本的影响。同时将管理层权力和法制环境等内外部因素纳入研究框架，检验这些因素对会计专业独立董事本地任职与银行贷款成本关系的影响。最后检验会计专业独立董事本地任职对银行贷款成本的影响在企业创新投入上的反映。

第5章　会计专业独立董事本地任职对债券融资成本的影响。本章基于债券市场，从理论上分析了会计专业独立董事本地任职对债券融资成本的影响并提出相应的假设，以2007—2016年我国沪深A股发债上市公司为研究对象，利用相关的模型实证检验了会计专业独立董事本地任职对债券融资成本的影响。同时将管理层权力和法制环境等内外部因素纳入研究框架，检验这些因素对会计专业独立董事本地任职与债券融资成本关系的影响。最后检验会计专业独立董事本地任职对债券融资成本的影响在企业创新投入上的反映。

第6章　会计专业独立董事本地任职对权益资本成本的影响。本章基于股票市场，从理论上分析了会计专业独立董事本地任职对权益资本成本的影响并提出相应的假设，以我国2007—2016年沪深A股上市公司为研究对象，利用相关的模型实证检验了会计专业独立董事本地任职对权益资本成本的影响。同时将管理层权力和法制环境等内外部因素纳入研究框架，检验这些因素对会计专业独立董事本地任职与权益资本成本关系的影响。最后检验会计专业独立董事本地任职对权益资本成本的影响在企业创新投入上的反映。

第7章　研究结论、局限与展望。本章将对全书的理论分析和实证检验做一个总结，在此基础上提出相应的政策建议。最后阐述本书的研究不足之处和未来可以进一步研究的方向。

本书的研究结构框架图如图1-1所示。

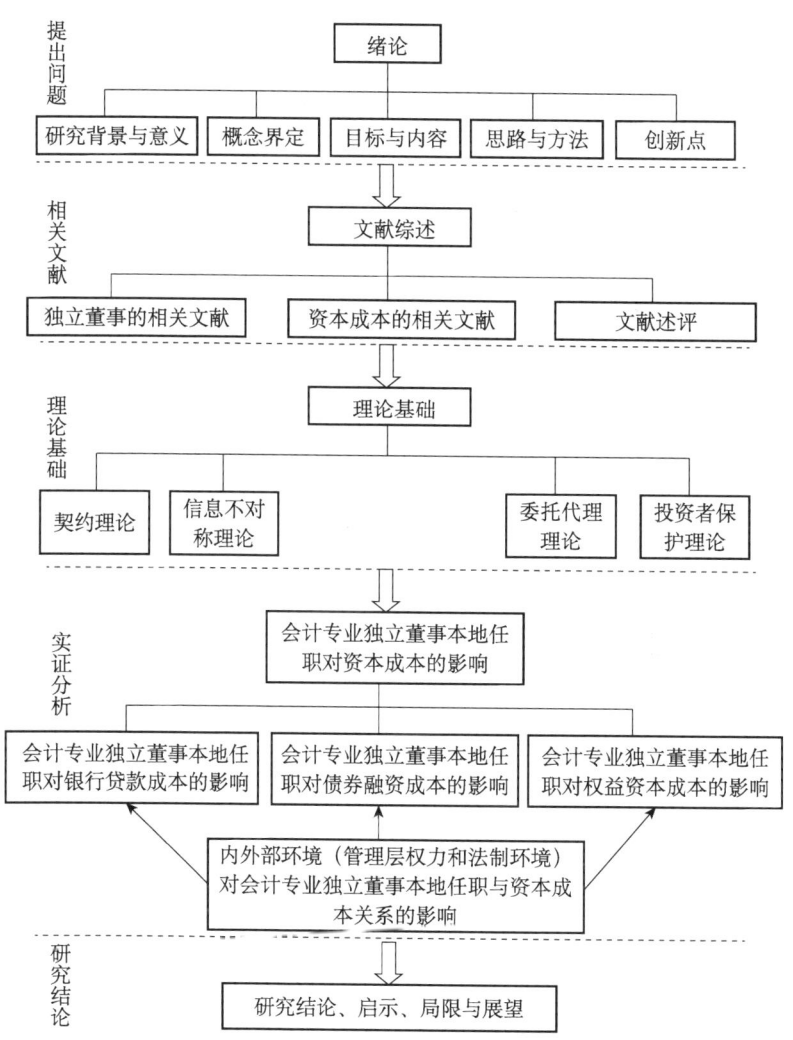

图 1-1 会计专业独立董事本地任职与资本成本研究结构框架

1.4 研究思路与研究方法

1.4.1 研究思路

本书主要研究的问题是会计专业独立董事本地任职对资本成本的影响。本书按照提出问题——机理分析——实证检验——研究结论这样的逻辑对本书所关注的问题进行研究。首先,在对已有研究现状分析的基础上引出本书所需要研究的问题;其次,以契约理论、信息不对称理论、委托代理理论和投资者保护理论为理论基础,对会计专业独立董事本地任职如何影响资本成本以及管理层权力和法制环境等内外部因素对会计专业独立董事本地任职与资本成本两者关系的影响进行了理论上的分析,并提出相应的假设;再次,以2007—2016年我国A股非金融类上市公司为研究对象,利用手工收集的会计专业独立董事本地任职的数据,通过构建模型实证检验会计专业独立董事本地任职与资本成本的关系以及不同的管理层权力和法制环境下会计专业独立董事本地任职与资本成本的关系。在此基础上,以企业创新投入为视角,进一步检验会计专业独立董事本地任职影响资本成本所产生的经济后果。最后,对本书的研究情况进行总体的概括,得出本书的研究结论,并针对研究结论提出相应的政策建议,提出本书研究中存在的局限性以及未来可以继续研究的方向。研究逻辑框架图如图1-2所示。

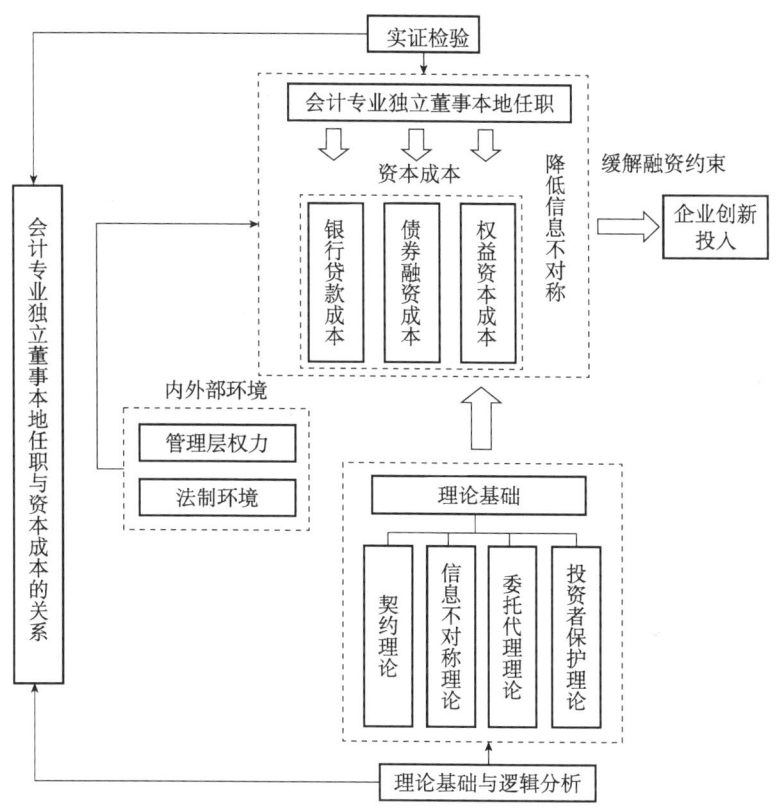

图 1-2 研究逻辑框架

1.4.2 研究方法

在研究方法上，本书主要综合地运用了规范研究和实证研究这两种研究方法。其中，规范研究方法主要运用于本书的文献综述、理论基础和逻辑推理部分，通过规范研究为本书的研究搭建一个理论框架体系，并在该理论框架内提出本书的假设，为后续的实证研究提供理论依据；实证研究方法主要运用于本书的实证检验部分，通过实证检验为理论研究提供经验证据。两种方法的使用起到了相互补充和相互印证的作用，其具体使用如下：

（1）规范研究法。规范研究法是通过普遍认知的标准来评判经济决策和经济结果该是怎么样的一种方法。在文献综述部分，按照历史与逻辑的顺序对国内外文献进行梳理和总结，以此形成对已有研究的现状和研究不足的认识，同时也彰显本书的创新之处。在理论基础部分，结合本书的研究内容，对本书涉及的相关理论进行了梳理，为本书所需要研究的问题提供了理论基础。在实证各章节的理论分析部分，运用相关的理论对本书所要研究的问题进行逻辑推演，并在此基础上提出本书的假设。

（2）实证研究法。实证研究法是研究者通过观察、实验和调查等定量分析的手段，对提出的相关假设进行检验，并使之形成一种普遍性的规律和理论的方法。本书以2007—2016年我国沪深两市A股非金融类上市公司为研究对象，通过Csmar数据库和Wind数据库收集了相关的数据，综合使用描述性统计、相关性分析和多元回归分析等统计分析方法对本书提出的假设进行实证检验。在实证各章节中，首先对样本中主要变量进行了描述性统计，主要包括变量的平均值、中位数、最小值、最大值和标准差，以此展示样本中各变量在数据上呈现的分布和趋势特征；其次，对模型中的各变量进行了相关性分析，以此避免多重共线性对本书研究的干扰；再次，通过OLS回归对各章的假设进行了检验；最后，为了保证实证的结果的准确和可靠性，在稳健性检验方面，本书用替换变量法对各章的假设重新进行了检验，在内生性问题处理方面，本书综合使用变量滞后一期的回归检验、工具变量两阶段最小二乘法、PSM方法（倾向得分匹配方法）和Heckman两阶段等方法以缓解各章中可能存在的内生性问题，此外，在检验会计专业独立董事本地任职影响资本成本的路径和经济后果时还使用了中介效应检验方法。

1.5　本书的主要创新之处

对比已有的国内外相关文献，本书的创新点主要体现在以下几个方面：

（1）拓展了权益资本成本的研究视角。公司治理是权益资本成本的重要影响因素，具体到独立董事制度这种公司治理手段上，已有研究仅仅探讨了独立董事比例对权益资本成本的影响，本书从会计专业独立董事本地任职这一独特的视角出发，研究其对权益资本成本的影响，丰富了已有关于权益资本成本影响因素的相关研究。

（2）拓展了债务资本成本的研究视角。纵观已有关于独立董事制度与债务资本成本的研究，这些研究主要探讨了独立董事的金融背景、独立董事网络和独立董事兼职席位对债务资本成本的影响。本书以独立董事的地理位置为切入点，对会计专业独立董事本地任职与债务资本成本的关系展开研究，丰富了已有关于债务资本成本影响因素的相关研究。

（3）将会计专业独立董事本地任职、公司内外部环境和资本成本纳入同一框架中进行研究。本书在检验了会计专业独立董事本地任职与资本成本关系的基础上，进一步探讨了不同的内外部环境（管理层权力和法制环境）下会计专业独立董事对资本成本的影响，丰富了会计专业独立董事本地任职与公司内外部环境的互动的相关文献。

第 2 章 文献综述

本书试图对会计专业独立董事本地任职与资本成本两者间的关系展开研究,因此有必要对独立董事与资本成本这两类文献进行梳理,以了解现有相关研究的现状和研究中的不足,为本书研究内容和视角的选择提供方向。首先,2.1 部分对独立董事的相关研究进行了梳理,主要包括会计专业独立董事的信息治理作用的相关研究、会计专业独立董事本地任职的相关研究和独立董事与公司投融资相关研究。其次,2.2 部分对三种融资方式的资本成本(银行贷款成本、债券融资成本和权益资本成本)的影响因素的相关文献进行了梳理。最后,2.3 部分对相关文献的梳理的结果进行总结,阐明现有研究的不足之处和本书研究的契机。

2.1 独立董事的相关文献

2.1.1 会计专业独立董事信息治理的相关文献

关于会计专业独立董事与信息治理的关系,国内外文献发现会计专业独立董事有助于抑制盈余管理,但是不同背景的会计专业独立董事对盈余管理的抑制作用不同。Park and Shin(2004)以加拿大的上市公司为研究对象,考察了独立董事对盈余管理的影响,研究发现,独立董事整体上不能抑制企业的盈余管理行为,但是具有会计背景和来自机构投资者的独立董事却能显著抑制企业的盈余管理行为。Xie等(2003)认为董事会的构成会影响企业的盈余管理行为,董事会和审计委员会中拥有财务背景的独立董事,则有助于降低企业的盈余管理水平。胡奕明和唐松莲(2008)以深交所的上市公司为研究对象,考察了独立董事与公司盈余信息质量之间的关系。研究发现,董事会中独立董事的比例与盈余信息质量呈正相关关系,董事会中具有财务或会计背景的独立董事有利于提高企业的盈余质量,这说明独立董事、尤其是具有财务或会计背景的独立董事在保证公司会计信息质量上具有重要的意义。曹洋和林树(2011)考察了独立董事的独立性与会计专长对企业财务报告质量的影响,实证结果表明,来自高校及研究机构、金融机构、事务所和企业的会计专业独立董事有助于抑制企业的盈余管理行为,而具有政府背景的会计专业独立董事却促进了企业的盈余管理。龚光明和王京京(2013)以在深圳证券交易所上市的公司为研究样本,考察了财务专家型独立董事对公司盈余管理的影响,研究发现,财务专家独立董事占比越高,企业盈余管理程度越低;相比于注册会计师,高级会计师对盈余管理的抑制作用更大;财务专家型独立董事在整个董事会的占比越高,董事会的独立性越高,越能够监督上市公司的财务报告披露;财务型专家独立董事的津贴越高,越能为了保护自己的声誉而积极地对上市公司进行监督。向锐(2014)以我国A股上市公司为研究样本,考察了财务独立董事的特征与会计稳健性的关系,研究发现,财务独立董事的年龄与会计稳健性呈显著的负相关关系,女性财务独立董事与会计稳健性呈显著的正相关关系,财务独立董事的高级职称背景与会计稳健性呈显著的负相关关系,多重董事身份与会计稳健性呈显著的负相关关系,会计师事务所型财务独立董事与会计稳健性呈显著的正相关关系,政府型财务独立董事对会计稳健性呈显著的负相关关系,而财务独立董事的教育背景、海外背景和银行性型财务独立董事对会计稳健性不具有显著的影响。黄海杰等(2016)以我国民营上市公司为研究对象,从会计独立董事的视角考察了独立董事声誉对盈余质量的影响,研究发现,会计专业独立董事的声誉与盈余质量呈正相关关系,而且会计专业独立董事声誉与盈余质量的这种关系在大股东掏空严重的企业、市场化程度低的地区的企业以及高声誉会计专业独立董事担任审计委员会主席的企业中更显著。向寿生和薛小荣(2016)以我国 A 股上市公司为研究对象,实证检验了不同背景的财务型独立董事对应计和真实盈余管理的影响,研究结果显示,学术背景财务型独立董事降低了企业的盈余管理程度,而会计师事务所背景财务型独立董事不但没有降低企业的盈余管理,反而提高了企业的盈余管理程度。蔡春等(2017)以我国 A 股上市公司为研究对象,考察了会计专业独立董事兼职席位、事务所经历和真实盈余管理三者之间的关系,实证结果表明,会计专业独立董事兼职席位与公司真实盈余管理呈显著的负相关关系,会计专业独立董事的事务所经历加强了会计专业独立董事兼职席位与真实盈余管理的这种负相关关系。

2.1.2 会计专业独立董事本地任职的相关文献

独立董事本地任职是地理因素与公司治理相结合的一个概念,这方面的研究最早可以追溯到 Knyazeva 等(2011)的研究,该研究发现,本地任职的独立董事能够更方便地对公司的一些软信息进行收集,而且本地任职的独立董事的履职成本更低,此外,本地任职的独立董事更可能建立起本地声誉。因此,本地任职的独立董事能够发挥更好的监督作用。此后，国内的学者也结合地理因素对独立董事的治理展开研究。孙亮和刘春（2014）是国内最早讨论不同地理区位独立董事治理作用的差异的学者，他们发现，相比于本地独立董事，异地独立董事监督职能弱化了，但是咨询功能却强化了。刘春等（2015）探讨了异地的独立董事对企业并购效率的影响，研究发现，异地独立董事可以利用当地的社会关系网络发挥咨询作用，从而提高企业的并购效率，但是相比于民营企业，在国有企业中，异地独立董事对企业并购效率的影响并不显著，这可能是由于地方政府干预和国有企业本身的代理问题导致的。周泽将和徐玉德（2015）以我国沪深两市 A 股上市公司为研究对象，考察了独立董事本地任职与企业经营绩效的关系，研究发现，独立董事本地任职不利于企业经营绩效的提高，而且独立董事本地任职与企业经营绩效的关系在国有企业和拥有政治关联独立董事的企业中更显著。周泽将和刘中燕（2016）利用我国上市公司的数据对独立董事本地任职与投资效率的关系展开研究，实证结果表明，独立董事本地任职对企业的投资效率具有促进作用。刘中燕和周泽将（2016）以我国沪深两市上市公司的数据为研究对象，探讨了独立董事本地任职对企业获得政府补助有何影响，研究发现，独立董事本地任职有利于企业提高获得政府补助的概率和争取到更多的政府补助。曹春方和林雁（2017）以我国 A 股主板上市公司为研究样本，探讨了异地独立董事与企业过度投资的关系，研究发现，异地独立董事导致了企业更严重的过度投资，在管理层持股比例低的上市公司和 CEO 学历低的上市公司中，异地独立董事与企业过度投资的相关关系更强。周泽将和刘中燕（2017）使用中国 A 股上市公司的数据检验了独立董事本地任职对公司违规的影响，研究发现，独立董事本地任职与更低的违规倾向和更少的违规数量相关，政治关联对独立董事本地任职与公司违规的关系起到了正向调节作用,且政治关联的这种调节效应在国有企业中更不显著。全怡等(2017)以我国 A 股主板上市公司为研究对象,对异地上市公司聘请北京独立董事的动机和经济后果进行研究,研究发现,距离北京较远的公司和制度环境较差的公司更爱聘请北京独立董事,聘请北京独立董事有利于异地上市公司的股权再融资的获取、高壁垒行业的进入和企业违约处罚风险的降低。

也有学者专门针对会计专业独立董事的本地任职特征展开研究,但是这类文献目前还较少。董红晔(2016)考察了财务背景独立董事地理位置的临近性与股价崩盘风险的关系,实证结果表明,财务背景独立董事的临近性与股价崩盘风险呈负相关关系。黄芳和杨七中(2016)以我国 A 股上市公司为研究对象,考察了会计专业独立董事本地任职与企业盈余管理的关系,研究发现,会计专业独立董事本地任职不仅抑制了企业的应计盈余管理行为,而且还抑制了企业的真实盈余管理行为。

2.1.3 独立董事与公司投融资的相关文献

(1)独立董事与公司融资的相关文献。现有关于独立董事影响公司融资行为的文献主要从独立董事与债务融资和权益融资的关系展开探讨,从债务融资来看,独立董事的比例、独立董事的银行背景、独立董事网络和独立董事的兼职席位会对企业的债务融资产生影响;从权益融资来看,这样的文献较少,仅有的少量文献探讨了独立董事比例与权益融资的关系。Mizruchi and Stearns(1994)认为在公司外部担任职务的外部独立董事有助于公司贷款的获得。潘克勤(2010)考察了独立董事比例与债务融资的关系,研究发现,独立董事比例越高,长期债务融资比重越大,而且独立董事比例与长期债务融资比重的这种关系在民营企业中更显著。

胡苏（2011）以我国 A 股非金融类上市公司为研究对象，对独立董事治理与公司长期贷款融资的关系展开研究，实证结果表明，独立董事比例与独立董事薪酬均与长期借款比重呈正相关关系，而且在民营上市公司和市场化进程较低的地区，独立董事比例与独立董事薪酬对长期借款融资的影响更大。闫华红（2011）考察了公司内部治理对权益资本成本的影响，研究发现独立董事比例与权益资本成本的关系不显著。刘浩等（2012）以我国沪深两市的上市公司为研究对象，考察了银行背景独立董事与银行信贷的关系，研究发现，银行背景独立董事具有咨询功能，能够改善企业的信贷融资状况，而且在市场化进程低的地区和银根紧缩时期，银行背景独立董事对银行信贷的影响更大。李璐和孙俊奇（2013）以我国民营上市公司为研究对象，考察了独立董事背景特征对企业信贷融资的影响，研究结果表明，具有融资背景的独立董事人数与企业债务融资成本呈负相关关系，与企业债务违约率呈正相关关系。陆贤伟等（2013）以我国沪深 A 股上市公司为研究样本，考察了公司董事网络对债务融资成本的影响，研究发现，整体上企业的董事网络对债务融资成本不具有显著的影响，但是在融资约束较强的公司，董事网络对债务融资成本具有显著的降低作用，在代理成本较高的组中，董事网络对债务融资成本具有显著的降低作用。王营和曹延求（2014）对董事网络与债务融资的关系展开研究，研究发现，董事网络会对债务融资规模、债务融资成本和债务融资期限产生影响。董事网络的中心位置和结构洞位置与债务融资规模和长期债务呈正相关关系，与债务融资成本和短期债务呈负相关关系。Chuluun（2014）对董事网络与债券融资成本的关系展开研究，研究发现，董事网络关联与债券融资成本呈显著的负相关关系，在信息不透明的公司和与金融机构存在网络联结的公司中，董事网络关联对债券融资成本的影响更大。曹春方和许楠（2015）探讨了独立董事网络与商业信用融资之间的关系，实证结果表明，独立董事网络促进了企业的商业信用融资。Bradley and Chen（2015）以萨班斯法案的通过和相关上市标准的变化作为自然实验，考察了董事会独立性对债券融资成本的影响，研究发现，当企业的信用状况好、负债低时，董事会的独立性降低了企业的债券融资成本，当企业的信用状况差、负债率高时，董事会的独立性提高了企业的债券融资成本。黄珺和魏莎（2016）以我国沪深A股上市公司为研究对象，考察了独立董事政治关联对银行信贷的影响以及产权性质和高管政治关联对两者关系的调节作用，研究发现，独立董事政治关联与银行信贷规模呈显著正相关关系，国有产权性质减弱了独立董事政治关联与银行信贷规模之间的相关关系，高管政治关联增强了独立董事政治关联与银行信贷规模之间的相关关系。李志辉等（2017）考察了独立董事兼任与债券融资成本之间的关系，实证结果表明，独立董事兼职席位与企业的债券融资成本呈显著的正相关关系，这表明独立董事兼职席位的增加不利于独立董事监督效率的提高，从而导致债券融资成本加大。

（2）独立董事与公司投资相关的文献。现有研究发现独立董事会对并购、投资效率和创新等投资方面的行为产生影响，从并购方面来看，已有文献考察了独立董事的投行背景、独立董事网络、独立董事的学术背景和异地独立董事对公司并购行为的影响。Güner等（2008）研究发现具有投行背景的独立董事缓解了企业的融资约束，降低了企业的并购意愿。万良勇和胡璟（2014）考察了独立董事网络位置对公司并购的影响，实证结果表明，企业的独立董事网络中心度与企业并购行为呈显著的正相关关系，在制度环境差的地区，独立董事网络中心度对企业并购行为的影响越大。额外的检验发现，独立董事网络中心度越高，企业并购绩越高。梁雯等（2018）也考察了独立董事网络位置与公司并购行为的关系，得出了与万良勇和胡璟（2014）相似的结论。Francis等（2015）考察了学术背景独立董事对公司质量和公司业绩的影响，研究发现，具有学术背景的独立董事有利于提高企业的公司治理水平，促进了公司并购绩效和专利产出水平的提高。刘春等（2015）对异地独立董事与企业并购效率的关系展开研究，研究发现，异地独立董事提高了企业的并购效率。从投资效率来看，已有文献主要研究了独立董事网络和独立董事本地任职对企业投资效率的影响。陈运森和谢德仁（2011）考察了独立董事网络位置对投资效率的影响，研究发现，独立董事网络中心度与投资效率呈显著的正相关关系，而且独立董事网络中心度不仅抑制了过度投资，还缓解了投资不足。进一步研究发现，在政府干预严重的地区，独立董事网络中心度与投资效率的关系存在产权性质的差异，相比于非国有企业，在国有企业中，独立董事网络中心度与投资效率的相关关系减弱。赵昕等（2018）探讨了独立董事网络对公司过度投资的影响，实证结果表明，独立董事网络的中心性和结构洞性导致公司产生了更严重的过度投资，独立董事网络的聚集性对企业的过度投资有显著的降低作用，当企业的外部信息资源质量较低时，独立董事的中心性、结构洞性和聚集性对过度投资的影响更显著。周泽将和刘中燕（2016）考察了独立董事本地任职与投资效率的关系，研究发现，独立董事本地任职提高了企业的投资效率。实证结果表明，独立董事本地任职对企业的投资效率具有促进作用。从创新方面来看，已有文献主要关注了独立董事的技术背景、独立董事的学术背景、独立董事的海外背景和独立董事网络与企业创新的关系。胡元木（2012）探讨了技术独立董事R&D产出效率的影响，研究发现，技术独立董事与R&D产出效率呈显著正相关关系，技术独立董事薪酬对R&D产出效率不具有显著的影响。沈艺峰等（2016）检验了独立董事的学术背景与公司研发投入的关系，研究发现，具有学术背景的独立董事不仅能够为企业提供咨询作用，而且还向外界传递了公司治理良好的信号，从而促进了企业的研发投入。宋建波和文雯（2016）考察了董事海外背景与企业创新的相关关系，实证结果表明，董事的海外背景促进了企业创新，相比于具有海外背景的独立董事，海外背景的非独立董事与企业创新的关系更显著。叶志强和赵炎（2017）对独立董事与研发投入的关系展开研究，研究发现，独立董事比例与研发投入呈显著的正相关关系，而且产权性质和法制环境对独立董事与研发投入的关系起到了正向调节作用。周军（2018）对独立董事网络与企业创新绩效的关系展开研究，研究发现独立董事网络位置与企业创新绩效呈正相关关系，而上述关系只存在具有技术独立董事的公司中。

2.2 资本成本的相关文献

2.2.1 银行贷款成本的影响因素

银行贷款成本是企业向银行等金融机构借款所产生的费用，那么什么因素决定了企业的银行贷款成本呢？现有研究主要从债务人特征、公司治理、法律制度和社会制度等视角探讨银行贷款成本的影响因素。

(1) 债务人特征对银行贷款成本的影响。银行在作定价决策时会结合债务人的相关特征进行考虑，所以债务人的特征会影响其所获得的银行贷款成本。国外的研究发现公司规模、会计信息、现金持有、避税行为和公司多元化等公司特征会影响银行贷款成本。Strahan（1999）对公司特征与银行贷款的关系进行研究，研究发现，公司规模与银行贷款利率呈显著的负相关关系，盈利能力与银行贷款利率呈显著的负相关关系。Benmelech 等（2005）考察了可重置资产规模与银行贷款的关系，研究发现，可重置资产规模与银行贷款率呈显著的负相关关系。Bharath 等（2008）对会计信息质量与银行贷款的关系进行研究，研究发现，公司的财务报告质量越差，公司获得的银行贷款利率越高。Graham 等（2008）考察了财务重述对银行贷款的影响，研究发现，与财务重述之前相比，财务重述之后，银行贷款成本提高了。Kim 等（2011a）对比了采用国际财务报告准则与未采用国际财务报告准则的公司在银行贷款方面的差异，研究发现，自愿采用国际财务报告准则的公司能够获得更低的银行贷款利率。Hasan 等（2014）对企业避税与银行贷款的关系展开研究，实证结果表明，企业避税越激进，企业获得的银行贷款成本越高，而且获得的非价格银行贷款条款也会越严格。Huson and Roth（2015）检验了企业现金持有与银行贷款的关系，研究发现，企业现金持有规模越大，银行贷款成本越低。Aivazian 等（2015）检验了公司多元化对银行贷款的影响，研究发现，相比于经营业务单一的公司，多元化的公司银行贷款成本更低。Ge 等（2016）考察了离岸经营对银行贷款的影响，研究发现，相比于没有离岸附属子公司的公司，离岸跨国经营的公司获得的银行贷款成本更高，且在信息不透明的公司和法制环境较差的国家或地区的公司中，离岸经营与银行贷款成本的这种关系更显著。Fang 等（2016）检验了会计信息可比性在银行信贷市场上的作用，研究发现，会计信息可比性可以减少债权人处理信息的成本和监督成本，从而降低了银行贷款利率。

国内的研究发现，会计信息、避税行为和公司违约等债务人特征会影响银行贷款成本。于静霞（2011）考察了盈余管理对银行贷款成本的影响，研究发现，盈余管理程度与银行贷款成本呈正相关关系，而且相比于操纵性应计项目为负的公司，在操纵性应计项目为正的公司中盈余管理对银行贷款成本的影响更大。刘文军（2014）探讨了企业会计稳健性与银行贷款契约之间的关系，实证结果表明，会计稳健性与银行贷款利率呈显著的负相关关系。赵刚等（2014）以单笔银行借款数据为研究对象，也对会计稳健性与银行借款契约的关系展开了研究，研究发现，会计稳健性降低了银行贷款利率，而且会计稳健性与银行贷款利率的这种关系在法制环境好和政府干预少的地区的公司中更显著。李志刚等（2015）从会计信息不对称的角度探讨了分析师预测对银行贷款契约的影响，研究发现，分析师预测准确度越高，银行贷款利率越低，分析师预测分歧度越高，银行贷款利率越高。马如静等（2015）考察了企业的会计信息对银行贷款决策的影响，研究发现，企业的盈余质量与银行贷款利率呈显著的负相关关系。李志刚和施先旺（2016）以单笔银行借款数据检验了公司战略差异与银行贷款契约之间的关系，实证研究发现，企业的公司战略差异与银行贷款成本呈显著正相关关系。倪娟和孔令文（2016）以我国重污染行业上市公司为研究对象，考察了环境信息披露对银行借款契约的影响，研究发现，公司的环境信息披露缓解了企业的信息不对称，有助于企业获得更低的银行贷款成本。刘坤和戴文涛（2017）对企业违规、产权性质与银行贷款三者之间的关系展开研究，研究发现，企业违规与银行贷款成本呈负相关关系，而且在非国有企业中，企业违规对银行贷款成本的影响更加显著。后青松等（2016）检验了公司避税行为与银行贷款契约之间的关系，实证结果表明，企业税收规避程度与银行贷款成本呈显著的负相关关系，而且在非国有企业和债务违约风险大的公司中，企业税收规避与银行贷款成本之间的关系更显著。王静和张天西（2017）考察了税收规避对银行债务契约的影响，研究发现，公司的税收规避程度越大，银行贷款利率越高，良好的会计信息质量减弱了税收规避与银行贷款利率之间的关系。肖作平和王璐（2018）从会计信息质量的角度探讨了财务重述对银行贷款的影响，实证研究发现，在财务重述后，企业获得的银行贷款利率上升，发布财务重述更正公告后，企业获得的银行贷款利率增加。

（2）公司治理结构对银行贷款成本的影响。传统的有关银行贷款的相关文献从债权人的角度出发，认为信用风险是银行进行贷款决策首要考虑的风险。Ge 等（2012）从债权人的角度出发，认为公司违约风险受到未来现金流是否充裕的影响，从而决定了企业的银行贷款成本。信息风险和代理风险是评估企业未来现金流量的两个重要的因素。

国外的文献发现股权结构、董事会特征、机构投资者、内部控制和股东诉讼等公司治理因素会影响银行贷款成本。Filatotchev and Mickiewcz（2001）检验了股权集中度与银行贷款的关系，研究发现，股权集中度越大，大股东为了攫取私利，对公司进行掏空的动机的可能性增加，因而银行贷款成本增加。Francis 等（2007）研究了公司治理与银行契约的关系，实证结果表明，公司治理与银行贷款利率呈负相关关系，而且在债权人保护弱、法制环境差的地区，公司治理对银行贷款利率的影响越大。Chava 等（2009）研究了并购对银行贷款的影响，研究发现，相比于股东权利弱的公司，股东权利强的公司在并购之后的风险增大，从而导致银行贷款成本增加。Piot and Missonier-Piera（2009）对公司治理特征与银行债务契约的关系展开探讨，实证研究发现，董事会独立性、机构投资者持股比例和薪酬委员会中非执行董事的比例降低了银行贷款成本。Roberts and Yuan（2010）考察了机构投资者对银行贷款成本的影响，研究发现，机构投资者持股比例与银行贷款成本呈"U"型关系，机构投资者持股比例在一定范围内会降低银行贷款成本，超过某个点后，机构投资者持股比例将提高银行贷款成本。Francis 等（2011）考察了女性 CFO 与银行贷款的关系，研究发现，相比于 CFO 是男性的公司，CFO 是女性的公司能够获得更低的银行贷款成本。Kim 等（2011b）探讨了公司内部控制与银行贷款契约的关系，实证研究发现，公司内部控制质量与银行贷款成本呈负相关关系，当公司内部控制存在缺陷时，银行会提高贷款利率，而内部控制缺陷得到修复后，企业获得的银行贷款利率降低。Wang 等（2011）考察了 CEO 内部债务与银行贷款的关系，研究发现，CEO 持有内部债务的比例与银行贷款利率呈显著的负相关关系，当债权人面临的利益侵占风险较高、CEO 预期退休期限大于银行贷款期限时，CEO 持有内部债务比例对银行贷款利率的影响更显著。Fields 等（2012）考察了董事会质量对银行贷款成本的影响，实证结果表明，董事会规模、董事会独立性、董事会成员经验和董事会成员多样化与银行贷款利率呈负相关关系。Ge 等（2012）对公司治理与银行贷款的关系展开研究，实证结果表明，公司内部治理水平与银行贷款利率呈负相关关系，而且相比于法制环境好的国家，在法制环境差的国家中，公司内部治理对银行贷款利率的影响更大。Beladi and Quijano（2013）考察了 CEO 股权激励对银行贷款契约的影响，实证结果表明，CEO 股票期权薪酬比例较高时，CEO 与股东的利益更趋于一致，此时风险转移动机更强。因此，银行会要求一个更高的贷款利率。Francis 等（2013）考察了业绩管理与银行契约之间的关系，研究发现，那些更关注业绩管理的公司能够获得更低的银行贷款成本。而且，当这类关注业务管理的公司高管调入新的公司后，银行也愿意为新公司提供更优惠的银行贷款条件。Adam 等（2014）考察了管理者背景特征与银行贷款契约的关系，实证结果表明，与乐观主义的管理者相比，理性主义的管理者所在的公司具有更高的价值，所获得的银行贷款利率更低。Deng等（2014）对股东诉讼与银行贷款契约之间的关系展开研究，研究发现，在股东提起集体诉讼后，公司的声誉受到了很大的损害，导致企业获得的银行贷款利率提高。Billett等（2015）考察了管理者控制权与现金流权的分离程度与银行贷款契约之间的关系，研究发现，当管理者的控制权和现金流权的分离程度较大时，管理者与股东的利益更加偏离，管理者可能为了谋取个人私利而损害公司价值，从而提高了企业的违约风险，企业会要求一个更高的贷款利率。Lugo（2016）考察了内部人持股比例与银行贷款成本的关系，实证研究结果表明，内部人持股比例与银行贷款成本呈倒"U"型关系，当内部人持股比例较低时，银行贷款成本随着内部人持股比例的增加而增加，当内部人持股比例较高时，银行贷款成本随着内部人持股比例的增加而降低。

国内的文献发现股权结构、监事会、股权激励和媒体报道等公司治理因素会影响银行贷款成本。胡奕明和唐松莲（2007）探讨了审计对银行贷款利率的影响，实证结果表明，审计师规模与银行贷款利率呈负相关关系，非标准审计意见与银行贷款利率呈显著的正相关关系。姚立杰等（2010）考察了公司治理对银行贷款契约的影响，实证研究发现，监事会规模越大，银行贷款成本越低，股权集中度越高，银行贷款成本越高。肖作平和张樱（2015）考察了终极所有权结构对银行贷款的影响，研究发现，终极控股股东控制权强度、两权分离度和金字塔层级与银行贷款利率呈显著的正相关关系，终极控股股东现金流量权和终极控股股东的国有产权性质与银行贷款利率呈显著的负相关关系。杨慧辉等（2018）以我国实行股权激励的上市公司为研究样本，探讨了股权激励对银行信贷契约的关系,研究发现,在国有企业中,股权激励的实施提高了企业所获得的银行贷款利率,在非国有企业中,股权激励与银行贷款利率的关系会受到两权分离度调节的影响,在两权分离度低的企业中,股权激励降低了银行贷款利率,而在两权分离度高的企业中,股权激励提高了银行贷款利率。夏楸等(2018)以银行贷款成本度量企业的债务成本,考察了媒体报道、媒体公信力与债务成本三者之间的关系,研究发现,媒体报道数量和媒体正面报道与企业债务成本呈显著的负相关关系,媒体负面报道与企业债务成本呈显著的正相关关系,媒体公信力增强了媒体正面报道和媒体负面报道与企业债务成本之间的相关关系。

(3)法律制度对银行贷款成本的影响。自 La Porta 等(1997)提出法与金融的理论框架后,越来越多的文献关注了法制环境对银行贷款契约的影响,并对这两者的关系展开研究。La Porta 等(1997)认为良好的法制环境给债权人提供了一种保护机制,减弱了债务人"债务侵占"行为对债权人的侵害。因此,债权人的贷款意愿提高,同时也更愿意以更低的贷款利率向债务人提供银行贷款。La Porta 等(1998)认为,当法制环境较好时,债务人的侵占行为和道德风险行为都会受到抑制,债权人的利益能够得到更好的保护。因此,债权人更倾向于为债务人提供更加优惠的银行贷款契约。Laeven and Majnoni(2005)考察了司法系统效率与银行贷款契约之间的关系,研究发现,司法系统效率与银行贷款成本呈显著的负相关关系。Bae and Goyal(2009)考察了债务契约的法律执行效率与银行贷款契约之间的关系,研究发现,债券契约的法律执行效率与银行贷款利率呈显著的负相关关系。Fabbri(2010)以案件审判的时间长短来度量法律成本,并检验了法律成本与银行贷款成本的关系,研究发现,法律成本与银行贷款成本呈正相关关系。Zhang（2016）考察了制度因素对银行信贷的影响，研究结果发现，金融市场化程度、法律的公正性、破产程序的执行效率、执法权威性和金融信息透明度对银行贷款成本和银行贷款规模具有显著的影响。

国内学者从劳动保护水平、诉讼风险和法制环境等角度探讨了法律制度对银行贷款成本的影响。陈德球等（2014）认为法律制度对银行借款具有重要的影响，他们以2008年的新《中华人民共和国劳动合同法》来衡量劳动保护水平的变化，探讨了劳动保护水平对银行借款的影响，研究发现，劳动保护水平的提高降低了企业的经验弹性，使企业的经营风险增加，最终导致企业的银行借款成本增加。王彦超等（2016）以异常贷款利率衡量债务融资成本，考察了诉讼风险对债务融资成本的影响，研究发现，潜在诉讼风险提高了企业的债务融资成本，而且这一效应在法律执行成本较高的地区和市场化进程高的地区更显著。张樱（2017）检验了社会资本、法律制度环境与银行贷款契约三者之间的关系，研究发现，社会资本和法律制度环境均与银行贷款利率呈显著的负相关关系，而且社会资本与法律环境在降低银行贷款利率的作用上存在替代效应。

（4）社会制度对银行贷款成本的影响。除了法制制度之外，社会制度环境，如社会责任、社会伦理道德、社会关系网络、社会中介组织等，也能够影响银行贷款成本。Bharath等（2011）考察了银企关系网络对银行贷款的影响，研究发现，企业与银行之间建立的银企关系网络的紧密程度越高，银行贷款成本越低，而且在信息不透明和存在道德风险的公司中，银企关系网络对银行贷款成本的影响更大。Goss and Roberts（2011）考察了企业社会责任与银行贷款利率的关系，实证结果表明，企业社会责任水平与银行贷款率呈负相关关系，而且对于信用质量低和代理风险高的公司来说，企业社会责任对银行贷款利率的影响更大。Kim 等（2014）检验了伦理道德与银行贷款之间的关系，研究发现，企业的伦理道德水平与银行贷款利率呈显著的负相关关系，而且企业与银行在伦理和道德等方面的一致性程度越高，伦理道德水平与银行贷款利率之间的关系越显著。Houston 等（2014）考察了董事会成员的政府关系网络对银行贷款成本的影响，研究发现，当董事会成员具有政府关系网络时，企业能够以更低的成本获得银行贷款。当企业对政府采购的依赖度高、关系型借贷水平低、信用评级低、对外贸易的竞争程度高时，董事会成员的政府关系网络与银行贷款成本的关系更显著。Francis 等（2014）认为政治不确定性是影响银行贷款成本的重要因素，并对政治不确定性与银行贷款成本之间的关系展开研究，研究发现，政治环境的变动正向影响了银行贷款成本。Cen 等（2014）探讨了建立客户关系网络和供应商关系网络对银行贷款成本的影响，研究发现，企业与大客户建立的关系网络有利于降低企业的银行贷款成本，企业与供应商社会关系网络的建立也能降低银行贷款成本，而且相比于建立时间少于 3 年的公司，在建立时间超过三年的公司中，供应商社会关系网络对银行贷款成本的影响更大。Oikonomou 等（2014）考察了社会绩效水平与银行贷款成本的关系，研究发现，高的社会绩效水平可以向外界传递公司内部管理水平高的信号，从而有利于银行贷款成本的降低。Chen 等（2015）检验了公司慈善行为对银行贷款的影响，研究发现，公司慈善水平与银行贷款成本呈负相关关系，但是这两者的关系在国有企业和非国有企业中存在差异，相比于国有企业，在非国有企业中，公司慈善水平对银行贷款成本的影响更大。Hollander and Verries（2016）考察了企业与银行之间的地理距离对银行贷款的影响，研究结果表明，企业与银行之间的地理距离与银行贷款成本呈显著的负相关关系。

国内学者发现社会责任和社会关系网络等社会制度环境会影响银行贷款成本。何韧（2010）利用世界银行的调查数据，考察了银企关系对银行贷款成本的影响，研究发现，企业是否具有银企关系以及银企关系的深度均与银行贷款成本呈显著的负相关关系。张敦力和李四海（2012）考察了社会信任和政治关联对银行贷款的影响，实证结果表明，社会信任水平与银行贷款成本呈显著的负相关关系，政治关联与银行贷款成本也呈负相关关系，而且两者对银行贷款成本的影响存在替代效应。王俊秋和倪春晖（2014）以民营上市公司为研究对象，探讨了政治关联与会计信息债务契约有用性的关系，研究发现，政治关联减弱了会计信息与银行贷款成本的相关关系。王永钦等（2014）以某商业银行的贷款台账数据为研究对象，考察了担保网络对银行贷款的影响，研究发现，企业担保网络指标对银行贷款利率不具有显著的影响。尹志超等（2015）以中小企业的信贷数据检验了银行关系和银行业竞争与中小企业贷款成本之间的关系，研究发现，银企关系与中小企业贷款成本呈正相关关系，银行业竞争与中小企业贷款成本呈负相关关系。李志刚等（2016）以单笔银行借款的数据检验了企业社会责任披露与银行借款的关系，实证研究结果表明，企业社会责任的披露降低了银行借款利率，且这一关系在民营企业和上市时间较短的企业中更显著。张樱（2016）以政府关系网络、银行关系网络和社会关系网络衡量高管的社会资本，并考察其对银行贷款契约的影响，研究发现，高管的社会资本水平与银行贷款利率呈负相关关系。张丹妮和周泽将（2017）以我国 A 股上市公司的数据考察了企业社会责任与银行贷款成本的关系，研究发现，企业社会责任的履行降低了银行贷款成本，且这两者的关系在金融环境较好的地区更不显著。

2.2.2 债券融资成本的影响因素

债券融资成本是企业通过对外发行债券筹资所付出的代价，对公司的债券融资决策具有重要的影响。关于债券融资成本的影响因素，现有研究主要从宏观因素、信息不对称、公司治理和流动性等方面进行了探讨。

（1）宏观因素对债券融资成本的影响。债券是在一定的市场中进行发行和交易的，作为债券价值的体现，债券融资成本会受到市场整体状况和国家宏观政策的影响。Altman（1983）考察了GDP增长率、S&P指数和利率等宏观经济变量的变化对债券利差的影响，这些宏观经济指标的变大会降低债券利差，这意味着在宏观经济状况较好时，公司债券利差更低。Longstaff and Schwartz（1995）利用穆迪公司的数据进行实证研究，研究发现，国债10年期利率的增大会降低公司债券利差。Fama等（1996）以美国债券市场为研究对象，研究了宏观经济周期对债券利差的影响，研究发现，在经济衰退时期，债券利差增加。James（2000）考察了经济周期对美国债券信用利差变化的影响，研究发现，在经济扩张期，美国的Baa和Aaa级公司债券的信用利差有下降的趋势，而在经济衰退期，这两类公司债券信用利差有上升的趋势。Jarrow and Dilip（2000）对市场上不同因素与公司债券利差的关系展开研究，研究发现，随着市场整体风险的上升，债券信用利差下降。Collin-Dufresne等（2001）在模型中加入宏观指标研究其对公司债券信用利差的影响，研究发现，公司债券利差受到了债券供给和需求的影响。Guha等（2003）关注了宏观经济环境的不确定性对债券利差的影响，以经济状况的拐点来代替经济周期，研究发现，在经济繁荣期，债券利差变小，而在经济衰退期，债券利差变大。Ronald（2004）以澳大利亚债券市场的日度数据为研究对象，探讨了股市波动率对债券利差的影响，研究发现，股市风险是影响债券利差的因素，当股市波动率增长时，债券利差变小。Wu and Zhang（2005）采用无套利模型对国债收益率和债券利差期限结构进行研究，实证研究发现，正向的通胀冲击使得所有期限的公司债券利差增加，而负向的通胀冲击增加了高等级债券的利差，却降低了低等级债券的利差。Dirk 等（2006）考察了宏观因素对公司信用风险和动态资本结构选择的影响，研究发现，宏观经济会影响公司的现金流和偿债能力，从而对债券利差和债券期限结构产生影响。Dragon（2006）使用结构模型对宏观经济因素以及公司特征因素与债券利差的关系展开研究，研究发现，利率水平与公司债券利差呈负向相关关系，公司特征因素也会影响债券利差，而且公司特征因素对公司债券利差的解释程度大于宏观经济因素。Duffie（2007）对行业生产增长率和 GDP 水平等宏观经济因素与债券利差的关系展开研究，研究发现，这些因素影响了违约概率，进而影响了债券利差。Divies（2008）构建了一个久期模型考察了产出缺口、收益率曲线、消费对未来发展预期等宏观因素对债券利差的影响，研究发现，这些宏观因素都会对债券利差产生影响。Kounitis（2007）以美国公司的月度数据为研究样本，检验了利率因素和股票回报率对债券利差的影响，研究发现，利率和股票回报率是债券利差的重要影响因素。Wu 等（2008）研究了实际产出和通货膨胀水平等宏观经济指标与债券利差的关系，研究发现，这些宏观指标对债券利差的影响会因为债券评级和剩余期限的不同而有所差异。Schaefer and Strebulaev（2008）以南美和欧洲的公司为研究样本，通过长期协整方程考察了股票市场对债券利差的影响，研究发现，股票市场的变化可以传递利好和利差的信号进而影响债券利差。Simon 等（2009）以非金融企业债券数据，检验了一些宏观因素对债券利差的影响，实证结果表明，通货膨胀率和利率等宏观因素能够显著影响债券利差。Jonathan（2011）以10个工业化国家公司的月度数据为研究样本，考察了通货膨胀对债券利差的影响，研究发现，无论是长期债券的利差还是短期债券的利差都会受到通货膨胀的影响，而且长期债券利差受到通货膨胀的影响更大。Hibbert等（2011）考察了股票波动率对债券利差的影响，研究发现，股票波动率越大，债券利差越大，而且股票波动率对债券利差的这种影响在债券信用评级低的企业中更显著。

2000年以后国内对宏观因素与债券融资成本关系研究的文献越来越多。刘国光和王慧敏（2005）考察了国债收益率对银行间企业债券利差的影响，实证结果表明，国债收益率与债券利差存在着长期的协整关系，而且两者间为格兰杰因果关系。张燃（2008）考察了一些宏观因素对债券利差的影响，研究发现，短期利率、国债利率差和股票市场回报率对债券利差具有显著的影响。戴国强和孙新宝（2011）以沪深A股发债公司的月度数据展开实证研究，研究发现，GDP指数和M1发行量与债券利差呈显著正相关关系，而无风险利率和收益率曲线斜率与债券利差呈显著负相关关系。周宏等（2011）鉴于美国次贷危机给全球经济带来的巨大影响的启发，以我国2007—2009年企业债券的月度数据检验了宏观经济不确定性与债券利差的关系，研究发现，在金融危机爆发后，债券利差显著增加，同时截面数据的回归，进一步支持了该结论。徐浩萍和杨国超（2013）对股票市场投资者情绪与债券融资成本的关系展开了探讨，研究发现，乐观的投资者情绪降低了企业的债券融资成本。王雄元等（2015）以短期融资券为研究对象，考察了宏观经济波动性对债券风险溢价的影响，研究发现，货币政策的波动性与短期融资券利差呈正向相关，而信贷规模的波动性减弱了风险对短期融资券利差的影响，市场乐观程度的增大也有利于减弱风险与短期融资券利差的相关关系。进一步检验发现，上述关系在国有企业和信息较透明的企业中更显著。潘俊等（2015）以省级城投债为研究对象，探讨了金融生态环境与政府债券融资成本的关系，研究发现，金融生态环境越好，地方政府债券融资成本越低。罗党论和佘国满（2015）考察了地方官员变更对城投债融资成本的影响，研究发现，地方官员变更所带来的政治不确定性提高了债券的风险，导致城投债融资成本增加。

（2）信息不对称对债券融资成本的影响。大量的国外文献从不同的角度对信息不对称与债券融资成本的关系进行了研究，研究结论基本支持信息不对称会提高债券融资成本的观点。Akerlof等（1970）认为信息不对称在债券市场普遍存在，由于企业和债券投资者之间存在信息不对称问题，债券投资者无法准确地了解发债公司的真实财务状况，债券投资者的投资风险会增加，因此，债券投资者会要索取更高的风险溢价或者要求更低的债券价格，这使得债券利差增加。Sengupta（1998）考察了信息透明度对债券融资成本的影响，研究发现，信息透明度降低了债券融资成本。Bharath 等（2008）考察了会计信息质量对债券融资成本的影响，研究发现，会计信息质量降低了债券融资成本。Duffie and Lando（2010）对会计信息的不完全性与企业价值以及利率期限结构的关系展开研究，他们认为会计信息的不完全性是债券利差的一个影响因素，并且会影响投资者对企业价值的判断，从而影响利率期限结构的预测。他们研究还发现，信息不对称更可能提高短期债券的利差。Yu（2005）以财务信息透明度为视角，研究其对债券利差的影响，研究发现，财务信息透明度与债券利差呈负相关关系，且在发行短期债券的公司中，财务信息透明度与债券利差的这种关系更显著。Moerman（2005）以二级市场买卖价差衡量企业的信息不对称，研究其对债券利差和债券信用利差期限的影响，研究发现，发债企业的信息不对称程度越高，债券利差越大，债券信用利差期限越小。Liao 等（2009）以 PIN 模型计算出的信息交易概率和拓展的 PIN 模型计算出的信息交易概率以及买卖差额作为信息不对称的替代变量，并研究这些变量对债券利差的影响，研究发现，信息不对称显著影响了债券利差。Lu 等（2010）以美国的发债公司为研究样本，考察了信息不对称和信息不确定性与债券利差的关系，研究发现，当发债公司的信息不对称和信息不确定性程度越大时，债券投资人会要求一个更高的风险溢价，进而发债公司的债券利差提高。Kenneth 等（2010）使用系统结构方程方法检验了信贷质量、资产期限和发行者成熟度等信息指标与债券利差之间的关系，研究发现，这些信息降低了债券信用风险，进而降低了债券利差。Chen（2013）以 2001—2008 年美国发债公司的数据检验了供应商和客户之间的信息不对称与公司债券利差的关系，在控制一系列变量后，回归结果显示供应商和客户的信息不对称会影响公司债券利差。Kim 等（2013）考察了会计信息可比性对债券信用风险的影响，研究发现，会计信息可比性降低了债券市场参与者的不确定性，进而降低了债券利差。Lindset 等（2014）假定股东和债券持有者对公司信息的了解程度不一致，通过构建企业债务风险模型分析股东的最优政策和债券持有者对信用利差的需要，研究发现，发债公司的信息不对称提高债券持有者要求的收益率，进而提高了债券利差。

国内的研究也发现信息不对称会提升企业的债券融资成本。周宏等（2012）以 2008—2011 年我国发债的非上市公司为研究样本，考察了信息不对称对债券利差的影响，研究发现，发债企业与债券投资者的信息不对称越大，公司债券利差越高。朱松（2013）以是否聘请四大会计师事务所、会计稳健性和盈余波动等变量衡量会计信息质量，并研究其对债券评级和债券融资成本的影响,实证结果表明,公司的会计信息质量与债券信用评级呈显著的正相关关系,公司会计信息质量与债券融资成本呈显著的负相关关系。周宏等(2014)将2005—2012年我国发债企业样本作为研究对象,考察了信息不确定性和信息不对称与公司债券利差的关系,实证研究发现,信息不确定性和信息不对称均提高了企业的债券利差。吴建华等(2014)以信息滞后的角度对信息不完全进行定义,并实证检验了信息滞后对债券违约概率和债券信用价差期限结构的影响,研究发现,信息披露滞后与债券违约概率和债券信用利差呈正相关关系。龚仰树和辛明磊(2014)检验了信息披露与公司债券融资成本的关系,研究发现,公司的信息披露质量与债券融资成本呈显著的负相关关系。杨大楷和王鹏(2014)以沪、深两市发行公司债券的上市公司为研究样本,对应计项目盈余管理与真实活动盈余管理与债券融资成本的关系展开探讨,研究发现,应计项目盈余管理和真实活动影响管理使得公司的信息不对称程度增加,进而提高了公司的债券融资成本。王博森和施丹(2014)考察了会计信息对债券定价的影响,研究发现,会计信息有用性在债券一级市场和二级市场都成立,而且会计信用有用性在非城投债发行主体和银行间债券市场发行主体中更显著。何志刚等(2016)从金融认证的角度探讨了信息不对称对债券融资成本的影响,研究发现,金融认证能够缓解债券市场的信息不对称,从而降低债券融资成本。钱乐乐(2017)从分析师预测的信息角度探讨了信息不对称对债券融资成本的影响,研究发现,分析师预测具有信息含量,能够缓解企业与债券投资者的信息不对称,进而降低债券融资成本。

(3)公司治理对债券融资成本的影响。国外的文献从董事会特征、工会和股权结构等方面探讨了公司治理对债券融资成本的影响。Coles等(2006)考察了公司治理对托宾Q的影响,研究发现，董事会的稳定性提高了公司债券的信用评级，进而降低了债券利差。Sergei 等（2007）考察了债权人和债务人的战略行为对债券价值的影响，研究发现，战略型违约与债券利差呈显著负相关关系。Huang 等（2008）认为债券利差不能完全被经典结构模型解释的原因在于未考虑杠杆企业的负债的存在，为了适应宏观经济周期的变化，企业会选择一个最优的债务结构，这影响了公司的债券利差，而且对于不同等级的债券来说，资本结构对债券利差的影响存在差异。Chen 等（2011）使用结构模型，以 2001—2007 年美国发债企业为研究样本，考察了公司工会与债券收益率之间的关系，研究发现，公司工会的力量与债券收益率呈正相关关系，管理层议价能力减弱了工会与债券收益率之间的关系。Borisova and Megginson（2011）以民营公司和部分私有公司为研究对象，考察了国有股对债券利差的影响，研究发现，公司国有股权持股比例会影响债券利差，民营企业具有比私有企业更低的债券利差。

国内的研究发现内部控制、股权结构、审计、机构投资者、风险承担和控股股东股权质押等公司治理因素会影响债券融资成本。方红星等（2013）考察了自愿披露内部控制鉴证报告对企业债券融资成本的影响，研究发现自愿披露内部控制鉴证报告的公司具有更低的债券融资成本。欧阳励励等（2014）以沪深两市发债的上市公司为研究对象，检验了终极控股股东类型和终极控股股东两权分离度对债券融资成本的影响，研究发现，终极控股股东两权分离度与债券融资成本呈显著的正相关关系，且这两者的关系在地方政府和非国有企业发行的债券样本中更显著。余玉苗和周莹莹（2015）检验了审计师选择与债券融资成本的关系，研究发现，国际四大会计师事务所通过提高企业的会计信息，降低了企业的债券融资成本，金融生态环境增强了国际四大会计师事务所对债券融资成本的影响,而国有产权性质减弱了国际四大会计师事务所对债券融资成本的影响。王爱群和关博文(2017)以中国发债上市公司为研究对象,实证检验了机构投资者持股对债券融资成本的影响,研究发现,机构投资者持股比例与债券融资成本呈显著的负相关关系,而且这种关系在股权集中度高的公司中更显著。顾小龙等(2017)实证研究了风险承担、信用评级与公司债券融资成本的关系,研究发现,公司在首次信用评级前有调整公司风险承担水平的动机,在风险承担与公司债券融资成本的关系中,公司信用评级发挥了中介作用。李卓松(2018)以中国发债的上市公司为研究样本,考察了企业风险承担与债券融资成本的关系,研究发现,风险承担与债券融资成本的关系在金融发展水平不同的组中存在差异,在金融发展水平高的组中,风险承担与债券融资成本呈非线性关系(倒"U"型关系),在金融发展水平低的组中,风险承担与债券融资成本呈正相关关系。欧阳才越等(2018)考察了控股股东股权质押对公司债券融资成本的影响,研究发现,控股股东股权质押提高公司控制权风险转移的风险,从而推升企业的债券融资成本。

(4)流动性对债券融资成本的影响。国外的研究发现流动性是影响企业债券融资成本的一个重要的因素。Amihud 等(1986)是最早对资产估计过程中流动性风险溢价问题进行研究的文献,他认为投资者的期望收益会受到流动性风险的影响。Oded 等(1989)将流动性风险对资产估计影响的思想应用于债券市场,通过将雷曼兄弟债券数据库和 CRSP 政府债券数据库进行对比,考察了流动性对公司债券利差的影响,研究发现,流动性能够降低债券价格变动中的噪音的影响。Warga 等(2000)以流动性衡量指标和间接流动性代表变量为解释变量,以利率风险和信用风险为被解释变量建立回归模型,实证结果表明,流动性降低了利率风险和信用风险。Delianedis 等（2001）以 1991—1998 年美国发债公司的月度数据为研究样本，对违约风险、回收率风险、公司价值跳跃、流动性以及市场风险等因素与债券利差的关系展开研究，研究发现，流动性能够很好地解释债券利差。Longstaff 等（2005）认为债券利差由违约风险和非违约风险两部分组成，由于债券非流动性的存在使得结构模型不能完全解释债券利差，他们的实证研究表明，违约风险是引起债券利差的主要原因，债券的流动性和市场的流动性可以解释债券非违约部分。Howeling 等（2005）运用 Fama-Frenchm 模型，以一些间接流动性的代理变量（如收益率波动率、市场参与者数量和收益离散度等）构建债券组合进行检验，研究发现，不同流动性的债券组合的差异导致了流动性溢价的差异。Ericsson（2005）以债券是否在 3 个月内新发行和债券发行规模度量流动性，考察这两个变量对债券利差的影响，研究发现，债券是否在 3 个月内新发行进而债券发行规模与债券利差呈显著的负相关关系。Ericsson（2006）通过结构性的债券估值模型加入债券流动与信用风险变量，实证回归发现，在金融危机期间，债券流动性与债券利差呈负相关关系。Dan 等（2007）使用美国的一个商业综合性数据库，检验公司债券的影响因素，研究发现，流动性是影响债券利差的一个重要因素，并且这个结论在期限少于 1 个月的债券中也成立。Chen 等（2007）以美国的发债企业为研究对象进行实证研究，研究结果显示，在控制一系列变量后，债券流动性对债券利差具有显著的影响。Chebbi and Hellara（2010）认为流动性风险与债券利差相关。因此，以流动性风险为视角，研究其对债券利差的影响，研究结果显示，流动性因素有利于解释债券市场的债券利差。Bao 等（2011）以美国 2003—2009 年债券市场的数据及买卖价差作为债券流动性的替代变量，研究了债券流动性对债券定价的影响，研究发现，流动性能够解释信用级别较高的债券的债券利差的很大一部分。He等（2012）考察了债务展期与公司信用风险的关系，研究发现，债券市场流动性较差时，债券流动性溢价增加，从而公司债券利差提高。Kalimipalli等（2013）在横截面上考察了股权波动率和债券流动性对债券利差的影响，研究发现，市场波动性和流动性会影响债券利差，而且市场波动性对债券一级市场和二级市场均具有影响。Chen（2013）以美国债券市场1997—2008年的数据为研究样本，考察了内部流动性风险与债券利差之间的关系，研究发现，供应商和客户内部流动性风险与债券利差呈正相关关系。Helwege等（2014）将信用风险的比例从债券信用利差中分离出来，考察流动性风险与债券信用利差的关系，研究发现，流动性能显著解释企业的债券利差。

有少部分国内学者对流动性与债券融资成本的关系进行了研究。闵晓平等（2009）对公司债券利差的流动性溢价的相关研究进行了梳理，他发现当前关于公司债券流动性溢价的文献主要分为两个方面：一是单独考虑流动性水平效应或者流动性风险效应；二是同时考虑流动性水平效应、流动性风险效应和市场摩擦因素。闵晓平等（2011）选择交易速度、交易数量、交易成本和交易弹性等指标用主成分方法构建一个衡量债券流动性的综合指标，并研究指标对债券价格冲击、价格序列相关和债券特征的关系。结果发现，三种常见的度量债券流动性的指标的效度都不高，所以，债券流动性的度量方式有待改善。何志刚等（2012）以金融危机时期债券的周数据为研究对象，对流动性与债券利差的关系展开研究，研究发现，在控制其他变量的情况下，流动性风险与债券利差呈负相关关系。王茵田和文志瑛（2016）以三种债券流动性测量方法检验了流动性风险与债券融资成本的关系，研究发现，流动性风险显著影响了企业债券融资成本。

2.2.3 权益资本成本的影响因素

权益资本成本是企业进行权益融资所付出的代价，如何获得更低的权益资本成本对企业的发展至关重要。关于权益资本成本的影响因素，现有研究主要从信息披露（包括财务信息披露和非财务信息披露）、公司治理、政治关联和投资者法律保护等方面进行了探讨。

（1）信息披露对权益资本成本的影响。信息披露是缓解公司与外部投资者信息不对称的重要方式，学者们从估值理论、信息不完全理论和信息不对称理论等理论出发对信息披露对权益资本成本产生的影响进行研究。目前，国内外关于信息披露问题与权益资本成本的相关文献，主要探讨了财务信息披露和非财务信息披露对权益资本成本的影响。

从财务信息与权益资本成本的相关文献来看，国外学者用各种方法对财务信息质量进行度量，并研究其对权益资本成本的影响，但未得出一致的结论，而国内学者这方面的研究结论较为一致，大多支持财务信息披露质量降低了权益资本成本的观点。

Botosan（1997）、Francis 等（2004）和 Leuz and Verrecchia（2004）等学者用不同的变量作为信息披露质量的替代变量，探讨其对权益资本成本的影响。他们发现，信息披露质量越好，管理层与投资者的行为能够得到更好的协调，从而降低投资者要求的投资收益率。Lambert 等（2005）、Li（2005）和 Ng（2011）等学者从流动性风险的角度，探讨信息披露质量对权益资本成本的影响，他们指出，如果信息披露质量和流动性风险之间的相关性具有经济意义，那么企业的信息披露质量越高，流动性风险越小，从而权益投资者会要求更低的回报率，从而实现权益资本成本的降低。Armstrong 等（2012）、Lamber 等（2012）、Clinch（2013）、

Tannous等（2013）和Kim（2014）等学者在不同的国家和不同类型的企业中进行研究，结果发现，信息披露质量的提高使企业的信息更具有透明性，使投资者更能够了解公司的经营情况，投资者的投资风险降低，同时，信息披露水平的提高也有利于缓解股东与经理层的代理问题，从而使得投资者降低要求的投资回报率，最终实现企业权益资本成本的降低。但有些学者的研究得出了不同的结论，Botosan and Plumlee（2002）发现财务报告的披露质量对权益资本成本有显著的负向影响，但是年报披露及时性对权益资本成本却具有正向的影响。Botosan and Plumlee（2004）将信息区分为私有信息和公开信息，研究发现，公开信息的精确度降低了股权资本成本，而私有信息的精确度却提高了股权资本成本，两者的效应可以相互冲消。Gao（2010）认为，在完全竞争的市场下，受信息披露的影响，如果公司的现金流的波动大于股价的波动，那么信息披露质量会推高权益资本成本。Akins（2012）在不完全竞争市场下的研究得出了与Gao（2010）类似的结论。Imhof等（2017）检验了会计信息可比性与股权资本成本之间的关系，研究发现，会计信息可比性与股权资本成本呈显著的负相关关系，而且会计信息可比性与股权资本成本之间的关系在会计信息透明度差和不完全竞争的证券交易市场中更显著。

我国也有不少学者关注了财务信息披露质量对权益资本成本的影响，并对这两者之间的关系展开实证检验，研究结论大多支持了财务信息披露质量对于权益资本成本具有降低作用的观点。李刚（2008）从会计盈余质量的七个方面（应计质量、持续性、可预测性、平滑度、价值相关性、及时性和稳健性）出发，研究会计盈余质量对权益资本成本的影响，结果发现，应计质量、可预测性、平滑度和及时性均与权益资本成本呈负相关关系，而持续性、价值相关性和稳健性对权益资本成本不具有显著的影响。

支晓强和何天芮（2010）使用构建的自愿信息披露指数作为信息披露质量的替代变量，并研究信息披露质量对股权资本成本的影响，研究发现，当公司的信息披露质量较高时，公司的股权资本成本较低。徐晟（2013）实证检验了会计信息质量与权益资本成本的关系，研究结果表明，会计信息质量的提高能够显著降低权益资本成本。王俊秋（2013）从盈余质量的视角，探讨其对权益资本成本的影响，研究发现，盈余质量起到了降低权益资本成本的作用。王亮亮（2013）关注了真实盈余管理对权益资本成本的影响，研究发现，真实盈余管理导致了公司权益资本成本的提高。罗琦和王悦歌（2015）也从真实盈余管理的角度，对权益资本进行研究，他们进一步发现，真实盈余管理与权益资本成本的关系会受到公司成长性的影响，在低成长性的公司，真实盈余管理与权益资本成本正相关，而在高成长性的公司，真实盈余管理与权益资本成本负相关。杨红等（2012）关注了信息披露质量影响权益资本成本的时间特征，研究发现，信息披露质量不影响当期的权益资本成本，只影响滞后一期的权益资本成本。张长海和吴顺祥（2012）、张圣利（2012）以会计稳健性作为会计信息质量的替代变量，并研究了会计稳健性对股权资本成本的影响，研究发现，会计稳健性的提高有利于降低股权资本成本。王艳艳（2013）实证检验了管理层盈余预测与权益资本成本的关系，研究结果表明，管理层盈余预测与权益资本成本显著负相关，但是管理层盈余预测与权益资本成本的这种关系存在"滞后效应"。王冰洁和刘振涛（2017）在王艳艳（2013）研究的基础上，进一步区分了管理层盈余预测消息的类型，并研究不同管理层盈余预测消息类型影响权益资本成本是否存在差异，研究结果显示，管理层盈余预测的消息类型的利好程度越高，权益资本成本越低，而且这种效应在自愿性信息披露和管理层集中度高时更显著。苏明（2015）通过研究已实现收益和未实现收益对权益资本成本的影响发现，已实现收益对权益资本成本起到了降低作用，而未实现收益却推升了权益资本成本。顾水彬和陈露（2017）以其他综合收益为视角对权益资本成本展开研究，研究发现，相比于其他综合亏损的公司，其他综合收益的公司具有更低的权益资本成本。

国内外学者发现权益资本成本不仅会受到财务信息披露的影响，同时还会受到非财务信息披露的影响。关于非财务信息披露影响权益资本成本的文献主要集中从企业社会责任信息披露、环境信息披露和智力资本信息披露等一些角度进行探讨。

国外学者关于非财务信息披露与权益资本成本方面的研究主要关注的是社会责任对权益资本成本的影响，这些研究绝大多数认为企业社会责任信息的披露会降低权益资本成本。Richardson等（1999）开创性地构建了企业社会责任和社会责任信息披露与资本市场价值的模型。Richardson and Welker（2001）是最早对企业社会责任与权益资本成本展开实证探讨研究的。Clarkson等（2010）以向美国环保部汇报二氧化硫排放情况的5个污染最严重的行业的公司为样本，检验了权益资本成本是否会受到环境信息披露的影响，研究结果显示，环境信息披露与权益资本成本不存在显著的相关关系。Plumlee等（2009）以美国上市公司为研究对象，检验了环境信息披露差异是否能反映到企业的权益资本成本上，研究结果表明，高质量的环境信息披露有利于降低企业的权益资本成本。Dhaliwal等（2014）的研究结论与Plumlee等（2009）类似，也发现具有更低权益资本成本的公司在环境信息披露上表现得更好。

我国学者主要从企业社会责任、智力资本披露和环境信息披露等角度出发研究非财务信息披露与权益资本成本的关系，研究发现非财务信息披露有利于降低权益资本成本。徐珊和黄健柏

(2015)、邓博夫等(2016)考察了社会责任对权益资本成本的影响，研究发现，良好的社会责任表现能显著降低权益资本成本。李姝等(2013)关注了社会责任报告对股权资本成本的影响，研究发现，社会责任报告对股权资本成本的降低作用存在"首次披露效应"，在同样披露了社会责任报告的公司中，社会责任披露对股权资本成本的影响无显著差异。陈恋(2017)在以上研究的基础上发现，生命周期会影响社会责任信息披露与权益资本成本的关系，在初创期，权益资本成本不会受到社会责任信息披露水平的影响，在成长期和成熟期，社会责任信息披露水平的提高有利于降低企业的权益资本成本，在衰退期，社会责任信息披露水平提升了企业的权益资本成本。张正勇和邓博夫(2017)考察了企业社会责任鉴证报告对股票融资的影响，研究发现，社会责任鉴证报告降低了权益资本成本，而这种效应在会计信息透明度低和财务状况较差的公司中更显著。李虹等(2016)检验了环保投资规模对权益资本成本的影响，研究发现，企业环保投资与权益资本成本呈非线性关系("U"型)，而环保强制增强了企业环保投资与权益资本成本的这种非线性关系。崔秀梅等(2016)考察了碳信息披露在资本市场上的反应，研究发现，碳信息披露水平的提高有利于降低企业的权益资本成本。沈洪涛等(2010)和叶陈刚等(2015)从环境信息披露的视角，探讨其与权益资本成本的关系，研究发现，环境信息披露质量越高，权益资本成本越低。吴红军(2014)研究发现环境信息披露对权益资本成本的这种影响只表现在具有具体的和可验证性强的环境信息披露的公司。周志方等(2018)考察了水信息披露与资本成本的关系，研究发现，当企业的水信息披露处于较低水平时，水信息披露提高了权益资本成本，当企业的水信息披露处于较高水平时，水信息披露降低了权益资本成本。傅传锐和王美玲(2018)研究了智力资本自愿披露对权益资本成本的影响，研究发现，智力资本自愿披露与权益资本成本呈显著负相关关系，但是将智力资本区分为人力资本和结构资本时，发现只有人力资本才能降低权益资本成本，而结构资本与权益资本成本的关系不显著。

（2）公司治理对权益资本成本的影响。现有的关于公司治理与权益资本成本的相关文献主要探讨了公司内部治理机制和外部治理机制与权益资本成本的关系。

国外的文献主要从股权结构、管理层权力和股东会等内部治理因素的角度对权益资本成本进行研究。Garmaise and Liu（2005）从公司控制权的归属角度出发，在管理层比股东拥有更多的有关公司经营信息的情况下创建理论模型，当股东的控制权较大时，股东预测管理层可能会掩盖有关投资的信息，因而减少投资，从而降低公司的系统风险，进而降低公司的权益资本成本。而当管理层的控制权较大时，管理层会为了谋取私人利益而加大投资力度，使企业的系统风险增加。Cheng 等（2006）、Dow（2013）认为，股东权利体制和股东会是权益资本成本的影响因素，较强的股东权利体制和有效的股东会与权益资本成本呈负相关关系。Chu（2008）、Guedhami and Mishra（2009）认为控制权与现金流权的分离度是影响权益资本的因素，因为控制权与现金流权的分离程度越大，控制股东更有动机和能力对上市公司进行掏空，损害中小股东的利益，加重企业的信息不对称状况，从而导致权益资本成本增加。Bertomeu（2013）和 Strobl（2013）也同样认为，控股股东控制权和现金流权的分离导致了管理层的会计信息操纵行为，降低了公司的信息不对称，导致公司的权益资本成本增加。Atting 等（2008）将东亚和西欧国家的样本进行对比研究，研究发现，控制股东以外的大股东的数量和投票权有利于降低公司的代理成本，进而降低权益资本成本。而且相比于西欧国家，由于东亚国家法制环境的缺陷，因此东亚国家更有必要建立多个大股东的股权结构，以保护中小股东的利益，降低权益资本成本。

国内有学者主要从公司股权结构、高管特征、内部控制和股权激励等公司内部治理机制研究权益资本成本。肖作平（2016）考察了公司终极所有权结构对权益资本成本的影响，研究发现，现金流权降低了权益资本成本，控制权与现金流权的分离度提高了权益资本成本。徐星美和李晏墅（2010）以金字塔结构为视角，研究其对权益资本成本的影响，研究结果显示，控股股东与外部投资者的代理问题会因为金字塔结构而加剧，从而导致公司的权益资本成本增加。李小荣和董红晔（2015）对高管权力与权益资本成本的关系进行研究，研究发现，高管权力越大，权益资本成本越高，国有产权性质增强了高管权力与权益资本成本的这种正相关关系，法制环境和地区信任水平减弱了管理权力与权益资本成本之间的这种正相关关系。于富生等（2011）从管理者过度自信的视角，研究了其对权益资本成本的影响，研究发现，管理者过度自信对权益资本成本产生了正向的影响。陈险峰等（2014）考察了董事高管责任险、权益资本成本和公司再融资三者之间的关系，研究发现，董事高管责任险提高了企业的经营风险和财务风险，从而提高了投资者要求的投资回报率，从而导致权益资本成本增加。施继坤（2012）和袁放建等（2013）考察了自愿性内部控制鉴证报告是否会影响企业的权益资本成本，研究结果表明，自愿性内部控制鉴证报告显著降低了权益资本成本。闫志刚（2012）、王艺霖和王爱群（2014）、张瑶和郭雪萌（2015）和孙文娟（2011）等对内部控制缺陷与权益资本成本的关系进行研究，得出了不一致的结论。闫志刚（2012）、王艺霖和王爱群（2014）研究发现内部控制缺陷信息的披露导致企业的权益资本成本增加。张瑶和郭雪萌（2015）发现内部控制缺陷信息的披露降低了权益资本成本。孙文娟（2011）则发现内部控制缺陷信息的披露不能对权益资本成本产生显著的影响。张俊民等（2018）检验了内部控制单独审计对权益资本成本的影响，研究发现，内部控制单独审计降低了权益资本成本，而且法律环境和国有产权性质会对内部控制单独审计与权益资本成本的这种关系起到调节作用。邹颖等（2015）考察了实施股权激励与否对权益资本成本的影响，研究发现，实施股权激励的公司具有更高的权益资本成本，在非国有企业中，适度的股东激励能够降低权益资本成本。汪平和王晓娜（2017）探讨了管理层持股对股权资本成本的影响，研究发现，管理层持股比例与股权资本成本呈倒"U"型关系，而且在国有企业中，股权资本成本对管理层持股比例变化的敏感度比非国有企业高。

国内外关于外部治理与权益资本成本的研究文献主要关注了分析师、审计师以及媒体与权益资本成本的关系。

Bowen等（2008）检验了分析师跟踪改善信息环境的作用对权益资本成本的影响，研究发现，更多的分析师跟踪有利于提升企业的信息环境，从而降低企业的权益资本成本。Titman and Tureman（1986）考察了审计质量对权益资本成本的影响，研究发现，审计质量越高，投资者越能了解有关公司真实价值的信息，同时高的审计质量也能向投资者传递公司经营风险较小的信号，从而有利于投资者获得更多有关公司的信息，从而降低权益资本成本。Khurana and Raman（2004）关注了事务所规模对权益资本成本的影响，研究发现，经北美大型事务所审计的公司具有较低的权益资本成本。Fan and Wong（2005）研究发现，为了达到降低权益资本成本的目标，有再融资动机的企业会选择聘请高质量的会计师事务所。Fang and Peress（2009）对媒体报道与权益资本成本的关系展开研究，研究结果表明，被媒体报道多的公司具有更高的会计信息质量,这时投资者面临的信息不对称程度更低,从而索取更低风险溢价,进而降低权益资本成本。Krishnan 等(2013)考察了审计师行业专长对权益资本成本的影响,以是否在所处城市份额第一作为替代变量,研究发现,审计师行业专长降低了权益资本成本。

肖斌卿等(2010)考察了分析师跟踪与权益资本成本的关系,研究发现,分析师跟踪与权益资本成本呈负相关关系。肖作平和曲佳莉(2013)检验了分析师预测分歧度和分析师经验对权益资本成本的影响,研究发现,分析师预测分歧度越大,权益资本成本越高,分析师经验越多,权益资本成本越低。张嘉兴等(2016)检验了审计师声誉和公司声誉对权益资本成本的影响,研究发现,审计师声誉和公司声誉与权益资本成本呈负相关关系,公司声誉减弱了审计师声誉对权益资本成本的影响。郝东洋和王静(2015)以审计师行业专长的视角对权益资本成本进行研究,研究发现,审计师行业专长能够降低权益资本成本,而审计师行业专长对权益资本成本的这种影响在所处地区法制环境差的公司和国有企业中更显著。张学勇等(2014)检验了会计师事务所声誉与权益资本成本的关系,研究发现,会计师事务所声誉与权益资本成本呈显著的负相关关系。曹书军等(2012)考察了审计质量特征对权益资本成本的影响,研究发现,高质量的审计有利于企业获得更低的权益资本成本,而被出具非标意见的上市公司权益资本成本更高,这一关系在小公司中比在大公司中显著,会计师事务所的变更也会影响权益资本成本,且这一关系在小公司比在大公司中显著。王春飞等(2013)考察了企业集团审计对权益资本成本的影响,研究发现,集团统一审计不但未降低权益资本成本,反而提高了权益资本成本。卢文彬等(2014)检验了媒体曝光度对权益资本成本的影响,研究发现,媒体曝光度与权益资本成本呈负相关关系,在市场化进程低的地区,媒体曝光度与权益资本成本的这种关系更显著。肖作平和黄璜(2013)考察了媒体监督对权益资本成本的影响,研究发现,媒体关注度与权益资本成本呈显著的负相关关系,国有产权性质减弱了媒体关注度与权益资本成本的负相关关系,媒体负面报道对权益资本成本不会产生显著的影响。

(3)政治关联对权益资本成本的影响。国外的研究发现,政治关联对权益资本成本的作用可能是一把"双刃剑",一方面,寻求政治关联使得政府放松对企业的一些监管,给企业带来一些便利,但是企业为了寻求政治关联也要付出一定的成本,因此,政治关联可能会加剧控股股东的掏空行为和盈余操纵行为(Chaney等,2011),代理问题和信息风险的加剧导致企业的权益资本成本增加。另一方面,企业通过寻求政治关联可以减少政府对其的监管、获得更多的政府合同和融资上的便利,改善企业的经营状况,降低企业的财务风险,从而降低企业的权益资本成本(Goldman等,2009)。Boubakri等(2012)和Lim等(2014)考察了政治关联与权益资本成本之间的关系,研究结果显示,具有政治关联的公司,权益资本成本更低,并且政治关联与权益资本成本的这种关系在规模大的企业、年龄大的企业、处在民族化程度低和资本市场不发达的国家或地区的企业中更显著。

我国的政治关联与权益资本成本的研究大多支持政治关联会降低权益资本成本的观点。肖浩和夏新平(2010)围绕政府干预、政治关联和权益资本成本三者之间的关系展开研究,研究发现,政府干预显著增加了国有上市公司的权益资本成本,政治关联对国有上市公司的权益资本成本没有显著的影响,但是政治关联加重了政府干预对国有上市公司权益资本成本的影响。此外,在非国有上市公司中,政治关联与权益资本成本显著正相关。赵峰和高明华(2012)以民营企业为样本,研究了政治关联对权益资本成本的影响，研究发现，在民营企业中，政治关联与权益资本成本显著负相关，而且这种效应在地方政府关联的上市公司和所处地区政府干预严重的上市公司中更显著。苏忠秦等（2012）关注了政治关联对权益资本成本的影响，研究发现，公司的政治关联降低了权益资本成本，而且政治关联的这种作用在政治关联强的企业中更显著。连军（2012）以不同地区的样本研究政治关联对权益资本成本的影响，研究发现，在市场化程度低的地区，企业的政治关联提高了权益资本成本，而在市场化程度高的地区，企业的政治关联降低了权益资本成本。邹颖和杨晓玮（2014）以政治关联为视角，研究其对权益资本成本的影响，研究发现，政治关联与权益资本成本呈显著的负相关关系，在金融生态环境差的地区，政治关联与权益资本成本的这种关系更显著。

（4）投资者法律保护对权益资本成本的影响。国外的研究发现投资者法律保护是影响资本成本的一个重要的因素，认为投资者法律保护有利于降低权益资本成本。Hali and Luez（2006）认为公司的权益资本成本与一国的证券监管和强制性披露的条款严格程度会影响权益资本成本，随着证券监管和强制性披露条款严格程度的增加，权益资本成本降低。Lombardo and Pagano（2000）、Albuquerque and Wang（2008）等构建了动态随机一般化均衡模型从理论上为这些经验研究提供了支持。此外，也有部分文献针对个别法律条款对权益资本成本的影响进行研究。Lee等（2009）探讨了美国1995年的证券诉讼改革法对权益资本成本的影响，他们指出，该法案通过对审计师和事务所提出诉讼的原告的限制降低了事务所的诉讼压力，同时这也降低了审计质量，使会计信息的真实性降低，投资者认为自己面临的风险增加，从而提高风险溢价的索取，进而使权益资本成本增加。Li（2010）对财务报告准则与权益资本成本的关系展开了探讨，他认为国际财务报告准则

(FISB)和国际会计准则(IAS)能够提高企业财务报告的信息透明度,并且增强资本市场的流动性,从而降低权益资本成本。

少量的国内文献探讨了投资者法律保护对权益资本成本的影响,研究结果基本支持投资者法律保护与权益资本成本负相关的观点。沈艺峰等(2005)以再融资的上市公司为研究样本,探讨了不同时期中小投资者法律保护对权益资本成本影响的差异,研究发现,中小投资者法律保护的加强有利于降低上市公司的权益资本成本。肖珉(2008)考察了中小投资者保护法的建立和实施对权益资本成本的影响,研究发现,中小投资者保护法的建立在特定阶段影响了权益资本成本,而中小投资者保护法的实施与权益资本成本无显著的相关关系。肖松和赵峰(2010)考察了投资者法律保护制度对权益资本成本的影响,研究发现,投资者保护法与权益资本成本呈显著负相关关系。陆宇建和叶洪铭(2007)以构建的投资者保护指数研究了投资者保护与权益资本成本的关系,研究发现,投资者保护与权益资本成本呈显著的负相关关系。

2.3 文献述评

由于本书的研究是围绕着会计专业独立董事本地任职与资本成本关系展开的,因此,本书对独立董事和资本成本等两方面的文献进行了回顾,通过梳理这些文献发现:

(1)会计专业独立董事是在会计方面具有技术专长的一类独立董事,在保障上市公司会计信息质量上被寄予厚望,但是不同背景的会计专业独立董事在信息治理方面的作用存在差异。随着地理经济学与公司治理交叉学科的发展,独立董事本地任职作为独立董事的背景特征之一越来越受到关注，已有研究从违规监管、投资效率和政府补助等方面探讨了独立董事本地任职的经济后果，随后也有文献专门针对会计专业独立董事的本地任职特征的经济后果展开研究，现有文献发现会计专业独立董事本地任职发挥了较好的信息治理作用，有利于企业会计信息质量的提高。

（2）信息披露与资本成本（包括银行贷款成本、债券融资成本和权益资本成本）的一个重要影响因素，现有文献主要从财务信息和非财务信息两方面探讨信息披露对资本成本的影响。会计专业独立董事具有扎实的财务专业知识，能在企业会计信息的生产和披露过程中起到很好的监督作用，尤其是本地任职的会计专业独立董事，但是遗憾的是现有文献尚未对会计专业独立董事本地任职的信息治理效应对资本成本的影响引起足够的关注。

（3）从独立董事与企业融资的相关文献来看，在独立董事与债务资本成本关系方面，现有文献主要从独立董事比例、独立董事的金融背景、独立董事网络和独立董事兼职席位等视角探讨独立董事对债务资本成本的影响。关于独立董事与权益资本成本方面的研究较少，仅有的文献探讨了独立董事比例对权益资本成本的影响。可见，现有研究未关注到独立董事的地理位置对债务资本成本和权益资本成本可能的影响。从独立董事与企业投资的文献来看，在并购方面，已有文献考察了独立董事的投行背景、独立董事网络、独立董事的学术背景和异地独立董事对公司并购行为的影响；在投资效率方面，已有文献主要研究了独立董事网络和独立董事本地任职对企业投资效率的影响；在创新方面，已有文献主要关注了独立董事的技术背景、独立董事的学术背景、独立董事的海外背景和独立董事网络与企业创新的关系。可见，现有研究未结合独立董事的地理位置对企业创新的影响展开研究。

第3章 理论基础

本书的研究主要涉及契约理论、信息不对称理论、委托代理理论和投资者保护理论等相关理论。本章首先结合本书研究的内容对相关的理论进行了系统的梳理，在此基础上为本书研究会计专业独立董事本地任职与资本成本的关系以及内外部环境（管理层权力和法制环境）对会计专业独立董事本地任职与资本成本关系的影响找到理论上的切入点以及为本书研究贡献进行铺垫。

3.1 契约理论

3.1.1 契约理论概述

从现代经济学理论上来看，契约泛指一切市场交易主体之间设定权利和义务的协议。契约理论是经济学理论的一个重要分支，契约理论经历了古典契约、新古典契约和现代契约三个阶段。现代契约理论源于科斯（1937）的经典文献《The Natural of the Firm》，该文认为契约是企业与各种要素投入者签订的契约集构成的。契约可以分为完全契约和不完全契约。完全契约是建立在理性经济人和完全市场竞争假设之上的，完全契约是指契约双方在契约签订之前已经考虑到了未来所有可能出现的情况，并根据各种情况确定了契约双方的权利与义务关系，针对将来可能出现的争议可以在没有第三方参与协调的情况下契约双方能够很好地解决。但是，完全契约是一种理想中的状况，在企业现实实践中，完全契约是不存在的。于是就有了不完全契约理论。不完全契约理论是 Grossman and Hart（1986）将其分析框架与 Hart and Moore（1990）的分析框架结合起来进而发展出来的分析框架，这种分析框架也被称为 GHM 理论。产生不完全契约的原因大体可以归为以下几类：一是契约双方的有限理性。由于市场环境是复杂多变的，未来的风险和不确定性事件很难进行预测，因此，契约中不可能包含所有未来事项。二是信息不对称。契约双方所掌握的信息不对等，存在一方掌握的信息比另一方多的情况，即契约双方呈现不对称状况，使处于信息弱势的一方在签订契约之前可能没有将有利于自己的条款加入，在未来可能产生修改条款的情况，特别是针对一些第三方无法观测和验证的项目。三是在违约责任的认定和处罚上存在难度。契约双方在签订契约时可能会存在语言上含糊不清的情况，导致违约责任难以追究。最后是交易费用问题。现实生活中存在交易费用，交易费用的存在使理性经济人在针对某一事项签订契约前需要权衡成本和收益，如果成本大于收益，契约当事人就会放弃将该事项包含在契约中，产生不完全契约。

企业中存在着各种类型不同的契约，各种契约在规定契约双方的权利和收益上存在差别，使得一个完整的契约分割成一个个财产权利束。从企业的外部融资来看，企业的主要融资渠道有银行贷款、发行股票和发行债券，其中向银行贷款和发行债券这两种融资方式与资金提供者形成债务契约，发行股票这种融资方式与资金提供者形成股权契约。其中，债务契约按照融资渠道的不同又可分为直接债务契约（即发行债券）和间接债务契约（即向银行借款）。不同的契约具有不同的权利、收益和风险。直接债务契约包含多个资金供应者，这样的融资模式可能会面临着更高的清算成本、监督成本和流动性成本。而在间接债务契约关系中，由于银行在实施监督和风险控制上具有优势，因此，间接债务契约比直接债务契约应用更广。在股权契约中，虽然包含剩余权利，但是在投资者保护差的市场，投资者也会面临较高的风险。

3.1.2 契约理论与资本成本

根据不完全契约理论，无论是债务契约还是股权契约都具有不完备性。因此，债权人和股东都无法事先预料到各种未来的风险和不确定性，此时如果没有足够的信息供债权人和股东参考，债权人和股东要求的投资回报率将偏高，从而使得资本成本较高。企业会计制度是弥补契约不完全性的一种有效的手段，提高会计信息质量有助于降低债务契约和股权契约的不完全性。信息透明度的提高有利于债权人和股东更好地估计企业的风险，事先进行更多的考虑，减少由于契约的不完全性所带来的风险，因而债权人和股东会要求更低的投资回报率，从而减小债务资本成本和权益资本成本。

3.2 信息不对称理论

3.2.1 信息不对称理论概述

传统的经济学理论以交易双方拥有对称的信息为基本假设，然而现实生活中，交易双方所拥有的信息并不是完全对称的。由此学者们开始探讨信息不对称的问题。作为信息经济学中的一项重要研究内容,信息不对称的思想最早可以追溯到20世纪七八十年代,斯蒂格利茨、阿克尔洛夫和斯彭斯三位经济学家为此作出了重大的贡献,他们在2001年共同获得了诺贝尔经济学奖。斯蒂格利茨认为信息是资本市场的基础,如果没有相关部门强制要求公司披露相关的信息,投资者将难以估计其所购买股票的公司的价值。公司的管理层熟悉公司的经营情况,而投资者不了解,这种信息不对称提高了企业崩盘的可能性。斯彭斯认为知情交易人的信息传递行为可以改进市场结果,但是知情交易者将私人信息传递给不知情的交易者是有成本的。阿克尔洛夫首次提出了逆向选择理论,对信息不对称对经济的影响和信息不对称如何导致市场失灵进行了解释。信息不对称是指各个经济个体之间所占用的信息呈不均匀分布,即存在着某一些人对特定信息的掌握比另一部分人多,这说明交易的双方都有可能获得一些对方不能获得的私有信息,从而在交易中为自己获利。

关于信息不对称的分类可以从多个角度展开。首先,根据是内生还是外生区分为内生不对称信息和外生不对称信息。内生不对称信息是一种由交易人造成的,指交易双方在签订契约时拥有对称的信息,但是在事后,其他人无法观测或者推测的行为。外生不对称信息(也称为事件的不对称信息),是指事物在自然状态下所呈现的状况,与交易人的活动无关,不受交易人的影响。其次,按照信息获取时间的早晚区分为事前不对称和事后不对称。由于交易者在信息获取方面优劣程度不一样,处于信息优势的交易者能够较早地获得信息,而处于信息劣势的交易者只能晚一步获得信息。发生在交易双方签订契约之前的信息不对称为事前不对称,用逆向选择模型进行研究,降低信息成本是其主要涉及的问题。发生在交易双方签订契约之后的信息不对称为事后信息不对称，用道德风险模型进行研究，降低激励成本是其主要涉及的问题。再次，也可以根据不对称信息的内容进行划分。来自当事人行动上的信息不对称，称为行动信息不对称，用隐藏行动模型进行研究。来自当事人知识的信息不对称，称为知识信息不对称，用隐藏信息模型进行研究。

3.2.2 信息不对称理论与资本成本

信息不对称导致的两个直接后果分别是事前的逆向选择和事后的道德风险。逆向选择和道德风险会导致企业资本成本增加。导致事前逆向选择可以由以下两方面的信息不对称产生。首先是企业与投资者之间的信息不对称。上市公司的管理者作为公司的"内部人"对企业的经营业绩和经营风险都有较为清晰的认识，而作为"外部人"的债权人和权益投资者不参与公司的日常经营活动，对相关信息的掌握上不及上市公司的管理层。而且，由于我国上市公司存在着较为严重的代理问题，管理层为了自利的动机可能对公司盈余进行操纵，从而扭曲了公司的会计信息。因此，上市公司与债权人和权益投资者势必会存在着严重的信息不对称。其次，除了上市公司与债权人和权益投资者等"外部人"存在信息不对称外，投资者之间由于获得信息的差异也会存在信息不对称。比如，机构投资者作为资本市场上成熟的投资者，比一般的投资者具有信息上的优势，能够接触到资本市场上更多的信息。两类信息不对称导致债权人和权益投资者不能得到充分的信息来估计企业的价值，进而产生逆向选择，对公司要求更高的投资回报率，从而推高了企业的资本成本。道德风险的存在提高了资金提供者（债权人和权益投资者）事后的风险，信息不对称较强的公司存在道德风险的可能性更大，债权人和权益投资者事前预测到这个问题会索取更高的投资回报率，使得企业的资本成本提高。

在资本市场上，缓解信息不对称的手段是提高上市公司的信息披露程度。一方面，质量好的、业绩高的公司可以通过披露充分的信息将其与质量低、业绩差的公司以示区别，使投资者了解其真实经营情况，降低投资者的逆向选择。另一方面，充分信息的披露也会降低投资者对企业的风险预期。因此，企业的信息披露有助于降低资本成本。

3.3 委托代理理论

3.3.1 委托代理理论概述

委托代理理论是 20 世纪六七十年代学者们在研究信息不对称和激励问题的基础上形成的，是对契约理论的一种发展。委托代理的思想最早可以追溯到 Berle and Means（1932），他们发现现代企业的所有权和经营权的分离使企业存在着所有者与经营者两种角色，这两种角色有各自的权利和责任。所有者承担着为公司提供日常经营所需要的资金和经营中可能出现的相应的风险，享受经营成果分配的权利。而经营者承担着为企业的经营提供智力资本和管理才能，同时按照合同的规定享受相应的收益。Ross（1973）提出了委托代理的概念，他认为委托代理是指在委托人和代理人共存的环境中，代理人代表委托人在行使决策权的过程中产生的。Jensen and Meckling（1976）将委托代理关系定义为在契约关系中，一方雇佣另一方为其服务并对其授予一定的决策的权力，雇佣方根据被雇佣方的表现支付相应的报酬。这里的雇佣方是委托人，被雇佣方则是代理人，两者之间形成了委托代理关系。

他认为委托代理问题主要包含三类成本,分别是委托人对代理人的监督成本和激励成本、代理人为保证委托人利益付出的保险费用和委托人利益所付出的赔偿成本以及剩余损失成本。

在资本市场中主要存在着以下三种代理关系。一是股东与管理层的代理关系。现代公司制度的一个重要特征是企业所有权和经营权的分离,股东拥有公司的所有权,但是却通常不亲自经营公司而是聘用外部经理人参与经营,经理人虽不是公司的所有者,但却对公司的财产和资金具有支配权。所有者和经营者的目标往往是不一致的,作为所有者的股东关注的是资产的保值和增值,希望股价上涨以增加企业价值,而管理者不是公司的实际所有者,他们更关心其个人利益的最大化,希望得到职位晋升、更高的工资和更好的福利。股东和管理层的这种利益冲突使得管理层在日常经营中可能作出违背股东意愿的事,发生背德行为。特别是在公司信息不透明的情况下,这种背德行为更严重。二是控股股东与中小股东的代理关系。当上市公司的股权较集中时,控股股东掌握了公司的实际控制权,此时管理层与控股股东的利益也更趋同,控股股东有更强的动机和能力通过各种方式对上市公司资金进行掏空,从而损害中小股东的利益,产生控股股东与中小股东的代理问题。三是股东与债权人间的代理关系。股东与债权人存在资金借贷关系,债权人为股东提供公司运作和投资所需要的资金,但是股东与债权人各自的风险和收益不对等。当公司因经营不善陷入财务困境或者破产时,债权人出借给企业的资金无法收回,此时债权人和股东同时承担了公司经营不善的风险。当公司经营较好时,公司股价上升,股东可以因此获得分红,而债权人却不能分享公司业绩好所带来的任何收益。这就导致了股东与债权人在利益和目标上的分歧,债权人更关心本金和利息是否能安全地收回,而股东更关心的是资金所带来的收益,即股东将资金进行投资是否获得超额收益。一般来说，高收益项目蕴含着高风险，股东将资金投资于这些高风险项目中，使债权人资金不能如期得到偿还的风险增加。委托代理问题的解决渠道是设计行之有效的契约，在尽量减少委托人监督代理人所付出成本的情况下，使代理人以维护委托人的利益行事。

委托代理理论是建立在以下三个假设的基础之上的。第一个假设是委托人和代理人之间存在利益不一致与信息不对称。由于委托人和代理人存在利益函数的不同和信息不对称，委托人才要监督代理人使得代理人朝着有利于股东价值最大化的方向努力。第二个假设是代理人的行为具有可观测性。为了使代理人与委托人的利益趋于一致，委托人会设计一些契约，只有代理人的行为具有可观测性，契约的设计才是有意义的。第三个假设是参与约束与激励相结合。在契约的设定上合理的做法是对委托人参与经营予以限制，给代理人充分的决策自由权，同时辅以相应的激励手段，使代理人的决策建立在充分考虑委托人利益的基础上。

3.3.2 委托代理理论与资本成本

委托代理问题是影响企业资本成本的一个重要的因素，不管是债务资本成本，还是权益资本成本都会受到委托代理问题的影响。从债权人的角度来看，债权人面临着两类代理问题，其一是管理层与债权人的代理冲突，其二是股东与债权人的代理冲突。首先，在公司股权分散的情形下，由于缺乏来自股东的监督，管理层为了使自身利益最大化，有构建企业帝国大厦或过度投资的动机，将债权人的资金投资于风险较大的项目，使得企业的未来现金流的不确定性增加，损害了债权人资金的安全。其次，在公司股权集中的情况下，大股东与债权人的冲突成为主要的代理问题，为了获取私利，大股东会通过关联交易和公司掏空等一系列的方式转移公司的资金,这将损害公司价值和增加企业的经营风险,从而加大债权人资金的风险。由于以上两种代理问题的存在,使债权人会要求更高投资回报率以规避相应的风险,从而提升了债务资本成本。从股东的角度来看,由于所有权和经营权的分离,现代企业普遍存在着管理层与股东的代理冲突,管理层与股东的目标函数不一致,管理层更关心职位提升、薪酬的提高、在职消费等与个人利益相关的福利,只看重短期利润,而不看重长期价值的实现。管理层与股东代理冲突的存在使得股东要求更高的投资回报率,从而提升权益资本成本。

3.4 投资者保护理论

3.4.1 投资者保护理论概述

投资者保护是公司治理理论所需要探讨的一项重要内容。由于委托代理问题的存在,股东和管理层有掠夺外部投资者的动机,因此有必要对投资者进行保护。Grossman and Hart(1988)、Hart(1995)从契约理论的角度出发,认为权利是投资者获得收益的一个基础条件,所以投资者应该保护自己的权利使其免受侵害。后来的一些学者从外部治理环境(法律环境、制度环境等)出发研究投资者保护问题,其中比较有代表性的是法与金融学研究领域内"四剑客"(简称LLSV)的"法与金融"的观点,他们认为法律对企业的公司治理结构和资本市场的监管方式具有重要的影响。出此,产生了两种投资者保护理论,分别是契约论和法律论。

契约论认为投资者在完备的契约和有效的监督契约执行的司

法体系的前提下签订的契约有利于保护其利益。契约理论的观点大体可以分为以下三种：第一种观点认为法律对投资者保护的影响不重要。有学者认为在契约较完备的情况下，制定相关的证券法律法规是没有必要的，甚至还可能影响其他保护投资者的机制的发挥。第二种观点认为法律对投资者保护的作用是重要的，但是除了法律机制，其他的机制也可以用来保护投资者的利益。比如，政府干预、集中的所有权结构、产品市场竞争和声誉机制等。第三种观点认为当国家层面的法律制度对投资者保护较差时，投资者可以选择与投资者保护好的国家签订国际契约。比如，当一国的投资者保护水平较低时，公司可以选择在投资者保护环境好的国家进行交叉上市，以更好地保护投资者的利益。

也有学者支持法律论的观点，他们认为私人契约对投资者的保护是有限的，需要建立相关投资者保护法律体系以保护投资者的利益不受侵害。LLSV（1998，1999）视法律制度为重要的投资者保护机制，有些国家的投资者保护环境较差的原因在于其法制制度上的缺陷。良好的法律制度能够保障投资者的利益，增强投资者信心，从而提升公司融资能力和改善市场资源配置效率。"法与金融"学派对契约论提出的其他替代法律制度的机制持质疑态度，认为这些机制没有起到很好的投资者保护作用。首先，从政府干预上来讲，一个廉洁、有效的政府是政府干预实现投资者保护的基础，而国家的法律制度很大程度上决定了政府是否廉洁、有效。LLSV（1999）研究发现，大陆法系国家的政府廉洁程度和效率更低，在面对金融危机时往往保护的是企业家的利益而不是投资者。其次，高度集中的股权并不一定对投资者保护有利。因为当公司股权高度集中时，虽然大股东会更有能力监督管理者，但是大股东掏空上市公司从而损害小股东利益的动机也会增强。再次，公司声誉也未必能对投资者起到很好的保护作用。因为公司选择维护声誉与否取决于宏观环境,当宏观环境较差时,公司经营更加艰难,更可能不顾及声誉而作出损害投资者利益的事。最后,虽然交叉上市能够提升投资者保护水平,但是能够获得交叉上市资格的上市公司毕竟是极少数,因此,交叉上市制度对投资者保护的作用有限,不能替代法律制度(胡汝银,2002)。

契约论主要关注的是市场机制对投资者的保护,而法律论主要关注的是法律系统对投资者的保护。然而这两种理论并非是彼此排斥的,它们表现为互相补充和互相牵制。叶小青和曹啸(2008)认为一个标准的投资者保护制度应该包含市场机制、法律制度和政府管制,这三者缺其一都不能实现有效的投资者保护。首先,法律制度和政府管制要发挥投资者保护作用其基础是建立在市场机制有效的前提条件下;其次,法律制度对市场交易成本具有降低作用,促进市场机制的发挥;最后,当法律制度表现出一定程度的不完备时,政府管制和法律制度相互补充,但当法律制度的不完备性太高时,政府管制不能对法律制度发挥补充作用。所以,只有当市场机制、法律制度和政府管制这三者互为条件、相互补充时,才能更好地构建投资者保护体系,以保护投资者的利益。

3.4.2 投资者保护理论与资本成本

会计信息质量是投资者保护所要实现的关键问题。提高企业的会计信息质量,有利于降低企业与外部投资者的信息不对称,使外部投资者能够更准确地评估企业的价值和企业面临的风险,从而有利于投资者作出更好的投资决策。债权人和股东作为企业的资金供给者,需要获得充分的信息来为其资金供给决策提供参考。上市公司普遍的盈余管理行为,降低了企业的信息透明度,干扰了企业会计信息的价值相关性,不利于债权人和股东对公司的价值和风险进行准确的判断,在不确定性较大的情况大,债务人和股东会增加风险溢价的索取,使得企业的资本成本加大。LLSV(1997)从投资者保护的角度探讨其对资本成本的影响,他们发现在法律制度完善的国家或地区,内部人对公司利益的侵占减少,大股东的掏空行为受到限制,这有利于减少公司的盈余管理行为,提高公司的信息透明度。而且,在投资者法律保护好的地区,企业的信息披露制度更加规范,有利于减少企业的盈余管理空间,提高企业的信息透明度。因此,投资者保护的加强有利于保障企业的会计信息质量,减少债权人和股东等外部人与企业的信息不对称,从而使得债权人和股东愿意提供更低的资本成本。

3.5 会计专业独立董事本地任职与信息不对称

会计专业独立董事是独立董事中那部分具有会计专长的独立董事,会计专业独立董事可以凭借其丰富的专业背景知识,对上市公司的财务报告的生成和披露过程发表意见,并进行相应的监督,以此提高企业的会计信息质量。但是由于会计专业独立董事存在地理位置上的差异,有些会计专业独立董事距离上市公司较近,而有些会计专业独立董事距离上市公司较远,地理位置的差异使得会计专业独立董事信息治理效果呈现不同的差异。相比于异地任职的会计专业独立董事,本地任职的会计专业独立董事由于更临近上市公司,所以能够更加方便、更多地参与到公司的会议中,而且也能够更方便地对上市公司进行走访,以获得一手的信息用于决策需要。此外,本地的会计专业独立董事在当地建立起了本地声誉，出于维护本地声誉的考虑，本地的会计专业独立董事会更尽责履行其职责。综上所述，由于本地会计专业独立董事具有较低的监督成本、较好的监督效率和更强的监督意愿，因此对企业会计信息能够起到较好的治理作用，有利于提升企业的会计信息质量，缓解企业与外部利益相关者之间的信息不对称。

3.6　本章小结

本章根据全书的研究内容，确定了将契约理论、信息不对称理论、委托代理理论和投资者保护理论等相关理论作为本书的理论基础。首先本章对各个理论进行了阐述，在此基础上对会计专业独立董事如何影响资本成本以及内外部环境（管理层权力和法制环境）对会计专业独立董事本地任职与资本成本关系的影响找到了理论上的依据。

第4章 会计专业独立董事本地任职对银行贷款成本的影响

本章立足于银行信贷市场，主要研究了会计专业独立董事本地任职对银行贷款成本的影响以及在不同的内外部环境（管理层权力和法制环境）下会计专业独立董事本地任职对银行贷款成本影响的差异。首先，对会计专业独立董事本地任职如何影响银行贷款成本以及不同的内外部环境下会计专业独立董事本地任职对银行贷款成本影响的差异进行理论上的分析并提出本章的研究假设；其次，以我国上市公司为研究对象，对本章的假设进行实证检验并对实证结果进行分析；最后，对本章的研究情况进行一个整体性的概括。

4.1 理论分析与研究假设

4.1.1 会计专业独立董事本地任职与银行贷款成本

相比于发达国家，我国股票市场和债券市场的规模较小，银行贷款仍是企业外部融资重要手段，在企业融资中占据了重要的一席之地，对企业的生存和发展起到了至关重要的作用。银行作为银行贷款的提供者，最为关心的是资金能否按时收回的问题，即银行贷款的违约风险。信息风险是导致银行贷款违约风险的一个重要的因素（Ge等，2012）。作为债权人的银行与作为债务人的企业之间存在信息不对称，这种信息不对称会加大银行所面临的道德风险和逆向选择问题，而道德风险和逆向选择问题正是引致银行贷款风险的主要原因（Ivashina，2009）。因此，债务人的信息质量是银行进行贷款风险评估和进行贷款决策的重要的参考，银行会根据债务人当时的信息质量情况与债务人签订相应的债务契约，以降低其所面临的违约风险。银行贷款成本是众多债务契约条款中的一个元素，是银行根据了解到的债务人的信息质量与债权人在签订债务契约时确定的。已有研究表明，企业的信息质量会影响其银行贷款成本，马如静（2015）和于静霞（2011）分别以盈余质量和盈余管理程度正、反两方面表征企业会计信息质量，研究发现，高质量的会计信息有利于企业获得更低的银行贷款成本；刘文军（2014）和赵刚等（2014）以会计稳健性表征企业会计信息质量，并检验了会计稳健性与银行贷款成本的关系，研究发现，会计稳健性水平的提高降低了企业的银行贷款成本；肖作平和王璐（2018）以财务重述表征企业会计信息质量，并考察了财务重述对银行贷款成本的影响，研究结果表明，发生财务重述的公司会计信息质量较低，银行会对其收取更高的银行贷款利率。因此，提高企业会计信息质量有利于降低企业与银行之间的信息不对称，从而获得更低的银行贷款成本。

地理距离与微观主体的决策有着紧密的联系，已有研究从不同的角度探讨了地理距离对微观主体决策的影响。Malloy（2005）和Bae等（2008）的研究发现分析师的地理位置会影响其预测的准确度，相比于异地分析师，本地分析师占据着信息优势，能够作出更精准的盈余预测。Baik等（2010）相比于异地的机构投资者，本地的机构投资者能够更好地预测企业的业绩，从而获得更高的投资收益。Ghoul 等（2013）研究发现，企业与金融中心的地理距离越近，企业的权益资本成本越低。刘文军（2014）研究发现，审计师与客户的距离越近，越容易充分获取信息，从而提升审计服务质量。与以上主体相似，独立董事的地理位置也会影响其职能的发挥。现有研究发现，异地独立董事不利于其监督职能的发挥（Knyazeva 等，2011；曹春方和林雁，2017），而本地独立董事由于履职成本低、收集信息的优势和维护本地声誉等原因，会更尽职地履行其职能，发挥更好的治理作用（周泽将和刘中燕，2017；周泽将和刘中燕，2016）。会计专业独立董事是董事会中具有会计专长的独立董事，对企业的财务报告披露方面具有专业的理解和判断，对企业的信息治理发挥了重要的作用，但是地理距离的远近使得会计专业独立董事这种作用的发挥存在差异。相比于异地会计专业独立董事，本地会计专业独立董事能够对企业的会计信息起到更好的治理作用。首先，较之异地的会计专业独立董事，本地会计专业独立董事由于交通便利，他们参与董事会决策的时间成本和金钱成本较小，更可能亲自参与公司的董事会会议和临时事件，与董事和高管进行面对面交流获取更多的高质量信息，以利于其决策。同时，由于距离上市公司更近，本地独立董事可以更方便、更多地对上市公司进行实地调查与访问，了解更多有关决策方面的信息。其次，本地会计专业独立董事不仅可以从公司年报、分析师报告和媒体报道等公开渠道获取信息，还可以通过已经建立起的"亲属""朋友""校友""老乡"等本地关系网络获取到关于上市公司的一些私有信息，以提高其监督效率。最后，会计专业独立董事很多是高校教师、事务所的审计师和企业的高管，在当地具有一定的声誉，本地会计专业独立董事一旦不尽责，在当地引起的关注比较高，会对其声誉造成严重的影响。出于声誉的考虑，本地会计专业独立董事会对其所任职的上市公司进行更尽责的监督。黄芳和杨七中（2016）发现本地会计专业独立董事会提高企业的盈余质量。董红晔（2016）和赵放等（2017）研究发现，本地会计专业独立董事比异地会计专业独立董事发挥了更好的监督作用，从而降低了企业的股价崩盘风险。因此，本章认为本地会计专业独立董事比异地会计专业独立董事起到了更好的信息治理作用。综上所述，会计专业独立董事本地任职提高了企业的会计信息质量，降低了企业与银行之间的信息不对称，银行面临的违约风险降低。因此，银行对企业风险溢价的索取会减少，从而债务人企业能够获得更低的银行贷款成本。据此，提出假设1。

假设1：会计专业独立董事本地任职有助于企业获得更低的银行贷款成本。

4.1.2 会计专业独立董事本地任职、管理层权力与银行贷款成本

独立董事是在一定的环境下执行其监督职能的，公司的内部环境会影响独立董事职能的发挥（赵德武等，2008）。公司的高管身处公司等级金字塔的顶端，对企业的经营决策和战略决策具有重要的影响。由于现代公司所有权和经营权的分离，股东和管理层的利益函数并非一致，管理层的权力寻租可能会影响本地会计专业独立董事监督职能的发挥。首先，管理层权力可能会影响会计专业独立董事的任命，虽然独立董事是由董事会中的提名委员会进行任命的，但是在现实情况下，管理层也可能在提名委员会中任职，当管理层权力较大时，管理层有能力干预独立董事的提名，从而对本地会计专业独立董事的独立性产生负面的影响。其次，企业的日常经营管理活动是由内部管理人员参与的，独立董

事并不参与。因此,独立董事与公司管理层存在信息不对称,当管理层权力较大时,管理层可能会出于自利的动机,对独立董事隐藏信息或减小信息的提供,从而不利于独立董事获取决策有关的信息。因此,当管理层权力较大时,本地会计专业独立董事信息治理作用降低,从而不利于银行贷款成本的降低。据此,提出假设2。

假设2:管理层权力减弱了会计专业独立董事本地任职对银行贷款成本的影响。

4.1.3 会计专业独立董事本地任职、法制环境与银行贷款成本

根据"法与金融"理论的观点,法律制度是一项重要的制度安排,对微观企业的融资行为有重要的影响(La Porta等,1998)。我国是一个幅员辽阔的国家,各地上市公司的司法管辖权由各地的中级人民法院所有,因而不同地区的法制环境在相同的大环境下,呈现出很大的差异。法制环境的差异可能会对会计专业独立董事本地任职与银行贷款成本之间的关系产生影响。首先,相比于法制环境差的地方,在法制环境好的地区,法律的执行程度更高、诉讼成本更低,作为债权人的银行可以更好地用法律手段保障信贷资产的安全,减少银行面临的违约风险。其次,法律制度对企业会计信息具有治理作用,法律环境好的地区信息披露机制更加完善,有利于提高企业的信息披露水平(谢德仁等,2007)。裘宗舜等(2007)发现完善的法律制度提高了内部人的掠夺风险和掠夺成本,抑制了大股东的掏空行为,改善了企业的信息环境。因此,在法制环境好的地区,会计专业独立董事本地任职的信息治理作用对银行贷款成本的影响减弱。据此,提出假设3。

假设3:法制环境减弱了会计专业独立董事本地任职对银行贷

款成本的影响。

4.2 研究设计

4.2.1 样本选择与数据来源

本章选择 2007—2016 年上海证券交易所和深圳证券交易所的 A 股上市公司为研究样本，根据研究的需要按照以下的标准进行筛选：（1）剔除金融行业的上市公司样本，因为此类行业公司的特殊性；（2）剔除当年被 ST 和 *ST 的上市公司样本，因为此类公司的财务数据的异常性；（3）剔除相关财务数据缺失的上市公司样本。经过筛选后，本章最终获得 9 012 个公司—年度观测值。为了避免极端值对本章研究的影响，本章对所有连续变量进行了 1% 以下和 99% 以上的 Winsorize 缩尾处理。本章的数据处理和回归分析使用 Stata13 计量软件完成。

在数据来源方面，会计专业独立董事本地任职的数据系作者手工查阅国泰安数据库（CSMAR）上的独立董事简历整理而得，产权性质数据来源于色诺芬数据库（CCER），法制环境的数据来源于樊纲等编制的《中国市场化指数——各地区市场化相对进程 2011 年报告》中的"市场中介发育及法制制度"指数，其余数据均来源于国泰安数据库（CSMAR）。

4.2.2 模型设定

为了研究会计专业独立董事本地任职对银行贷款成本的影响，本章构建了如下模型（4-1）。

$$Cost_{i,t} = \alpha_0 + \alpha_1 GEO_{i,t} + \alpha_2 Roa_{i,t} + \alpha_3 Size_{i,t} + \\ \alpha_4 LEV_{i,t} + \alpha_5 FIRST_{i,t} + \alpha_6 PPE_{i,t} + \\ \sum IND + \sum Year + \varepsilon \quad (4-1)$$

在上述模型（4-1）中，被解释变量是银行贷款成本（Cost），解释变量是会计专业独立董事本地任职（GEO），分别用本地任职的会计专业独立董事人数（GEO_N）和本地会计专业独立董事的存在性（GEO_D）作为替代变量，其余变量为控制变量，根据已有文献，控制了总资产收益率（ROA）、公司规模（Size）、资产负债率（LEV）、第一大股东持股比例（FIRST）、资产有形性（PPE）以及行业虚拟变量和年度虚拟变量。若模型（4-1）中的α_1显著为负，则说明会计专业独立董事本地任职降低了银行贷款成本。

为了研究不同管理层权力下会计专业独立董事本地任职对银行贷款成本影响的差异，本章将总体样本分为高管理层权力组和低管理层权力组，并在这两组样本中对模型（4-1）进行回归。如果在高管理层权力组，α_1不显著；而在低管理层权力组，α_1显著为负，则说明管理层权力减弱了会计专业独立董事本地任职与银行贷款成本的负相关关系。为了研究不同法制环境下会计专业独立董事本地任职对银行贷款成本影响的差异，本章将总体样本分为高法制环境组和低法制环境组，并在这两组样本中使用模型（4-1）进行回归。如果在高法制环境组，α_1不显著，而在低法制环境组，α_1显著为负，则说明法制环境减弱了会计专业独立董事本地任职与银行贷款成本的关系。

4.2.3 变量定义

（1）银行贷款成本。本章的被解释变量是银行贷款成本

(Cost),借鉴张敦力和李四海(2012)的研究,使用利息支出除以总贷款度量银行贷款成本(Cost)。

(2)会计专业独立董事本地任职。本章的解释变量是会计专业独立董事本地任职,借鉴周泽将和刘中燕(2017)、孙亮和刘春(2014)的研究,使用本地任职的会计专业独立董事数量(GEO_N)和本地会计专业独立董事的存在性(GEO_D)对会计专业独立董事本地任职进行度量。

(3)管理层权力。管理层权力是本章的分组变量。国内外关于管理层权力的度量方式没有统一的标准,本章借鉴王化成等(2016)的研究,使用以下三个指标的综合得分来衡量管理层权力(Power):①两职合一(Dual)。如果董事长与总经理由同一个人兼任,则总经理受到董事会的监督减弱。当董事长与总经理由同一人兼任时取1,否则取0。②股权分散度(Disp)。公司的股权分散度越大,管理层受到的约束越小,管理层权力越大。当第一大股东持股比例与第二到第十大股东持股比例的比值小于1取1,否则取0。③董事会规模(Boardsize)。董事会规模越大越不利于意见的统一,这时董事会对管理层的监督减弱,管理层权力越大。当董事会人数高于样本均值时取1,否则取0。在实际分组中,本章借鉴傅颀等(2014)的研究,将Power大于等于2的样本划分为高管理层权力组,其余的样本为低管理层权力组。

(4)法制环境。法制环境是本章的分组变量。本章使用樊纲等编制的《中国市场化指数——各地区市场化相对进程2011年报告》中的"市场中介发育及法制制度"指数对法制环境进行度量,由于该指数只到2009年,2010年以后的"市场中介发育及法制制度"指数按照杨兴全和曾春华(2012)的方法计算而得,具体计算方式为用上年的指数加上前三年指数的平均值。在实际分组中,以"市场中介发育及法制制度"的中位数为分界点,将样本分为高法制环境组和低法制环境组。

（5）控制变量。根据已有文献选择以下的变量作为控制变量，它们分别是总资产收益率（ROA），用净利润除以总资产度量；公司规模（Size），用总资产取自然对数进行度量；资产负债率（LEV），用总负债除以总资产度量；第一大股东持股比例（FIRST），用第一大股东持股数量除以总股本度量；资产有形性（PPE），用存货与固定资产之和除以总资产度量。除此之外，本章还控制了年度虚拟变量和行业虚拟变量。各变量定义如表4-1所示。

表4-1 变量定义

变量名称	变量符号	变量定义
银行贷款成本	Cost	期末利息支出/银行贷款总额
本地任职的会计专业独立董事数量	GEO_N	公司聘请的本地会计专业独立董事的人数
本地会计专业独立董事的存在性	GEO_D	虚拟变量，当公司至少有一名会计专业独立董事主要工作地点与上市公司注册地一致（同属同一省、自治区和直辖市）时取1，否则取0
管理层权力	Power	积分变量，等于 Dual + Disp + Boardsize，详见变量定义部分
法制环境	LAW	樊纲等编制的《中国市场化指数》中的"市场中介发育及法律制度环境"指数
总资产收益率	ROA	期末净利润/总资产
公司规模	Size	期末总资产取自然对数
资产负债率	LEV	期末总负债/总资产
第一大股东持股比例	FIRST	期末第一大股东持股数量/总股本
资产有形性	PPE	期末（存货+固定资产）/总资产
年度虚拟变量	Year	属于当年年度取1，否则取0
行业虚拟变量	IND	属于该行业取1，否则取0

4.3 实证分析

4.3.1 描述性统计

表4-2列示的是主要变量的描述性统计结果。从被解释变量来看,银行贷款成本(Cost)的平均值为0.081,中位数为0.06,最小值为0.002,最大值为0.957,标准差为0.113,这说明不同上市公司的银行贷款成本存在较大的差异。从解释变量来看,本地任职的会计专业独立董事数量(GEO_N)的平均值为0.933,中位数为1,最小值为0,最大值为5,标准差为0.717,这说明在样本企业中每家上市公司平均拥有一位本地会计专业独立董事,并且不同公司之间聘用的本地会计专业独立董事数量存在着一定的差距;本地会计专业独立董事的存在性(GEO_D)的平均值为0.739,最小值为0,最大值为1,标准差为0.439,这说明在样本企业中73.9%的公司聘请了本地会计专业独立董事。从控制变量来看,总资产收益率(ROA)的平均值为0.004,中位数为0.035,标准差为0.052,说明样本公司的盈利能力整体不强;公司规模(Size)的平均值为22.050,中位数为21.880,标准差为1.253,说明样本公司的规模整体上较大;资产负债率(LEV)的平均值为0.477,中位数为0.484,标准差为0.200,说明样本公司的负债率偏高;第一大持股比例(FIRST)的平均值为0.364,中位数为0.345,标准差为0.151,说明样本公司第一大股东的持股比例较高;资产有型性(PPE)的平均值为0.42,中位数为0.414,标准差为0.181,说明样本公司有形资产的比例存在差异。

表 4-2　　　　　　　　　描述性统计

变量	样本量	平均值	最小值	中位数	最大值	标准差
Cost	9 012	0.081	0.002	0.060	0.957	0.113
GEO_N	9 012	0.933	0	1	5	0.717
GEO_D	9 012	0.739	0	1	1	0.439
ROA	9 012	0.040	-0.145	0.035	0.200	0.052
Size	9 012	22.050	19.690	21.880	25.960	1.253
LEV	9 012	0.477	0.068	0.484	0.898	0.200
FIRST	9 012	0.364	0.091	0.345	0.759	0.151
PPE	9 012	0.420	0.039	0.414	0.838	0.181

4.3.2　相关性分析

表4-3列示的是主要变量的Pearson相关系数情况。从中可以看出，本地任职的会计专业独立董事数量（GEO_N）与银行贷款成本（Cost）的相关系数为-0.012，但是不显著，本地会计专业独立董事的存在性（GEO_D）与银行贷款成本（Cost）的相关系数为-0.019，且在10%的水平上显著，这表明会计专业独立董事本地任职与银行贷款成本可能存在负相关关系。从控制变量与银行贷款成本（Cost）的相关系数来看，资产负债率（ROA）与银行贷款成本（Cost）的相关系数为0.047，且在1%的水平上显著；公司规模（Size）与银行贷款成本（Cost）的相关系数为-0.043，且在1%的水平上显著；资产负债率（LEV）与银行贷款成本（Cost）的相关系数为-0.126，且在1%的水平上显著；第一大股东持股比例（FIRST）与银行贷款成本（Cost）的相关系数为-0.010，但是不显著；资产有型性（PPE）与银行贷款成本（Cost）的相关系数为-0.096，且在1%的水平上显著。相关性分析仅初步验证了会计专业独立董事本地任职与银行贷款成本的关系，为了得

到更精确的相关关系，还需要进一步进行多元回归分析。从主要变量的相关系数来看，除了 GEO_N 和 GEO_D 的相关系数较大外，其余各变量之间的相关系数均较小，由于 GEO_N 和 GEO_D 不同时放入同一模型中，因此，回归模型不存在严重的共线性。

表4-3　　　　　　　　主要变量的相关系数

变量	Cost	GEO_N	GEO_D	ROA	Size	LEV	FIRST	PPE
Cost	1							
GEO_N	-0.012	1						
GEO_D	-0.019*	0.773***	1					
ROA	0.047***	-0.024**	0.010	1				
Size	-0.043***	-0.003	-0.071***	0.021**	1			
LEV	-0.126***	-0.004	-0.062***	-0.372***	0.456***	1		
FIRST	-0.010	-0.007	-0.012	0.085***	0.268***	0.070***	1	
PPE	-0.096***	0.019*	-0.024**	-0.223***	0.147***	0.332***	0.087***	1

注：***、**、*分别表示在1%、5%和10%的水平上显著。

4.3.3　回归结果分析

为了检验会计专业独立董事本地任职对银行贷款成本的影响，对模型（4-1）进行多元回归，回归结果列示于表4-4中。如表4-4所示，本地任职的会计专业独立董事数量（GEO_N）与银行贷款成本（Cost）的回归系数为-0.003，且在5%的水平上显著；本地会计专业独立董事的存在性（GEO_D）与银行贷款成本（Cost）的回归系数为-0.009，且在1%的水平上显著，这表明相比于异地任职的会计专业独立董事，本地任职的会计专业独立董事具有更低的监督成本、更高的监督效率和更强的监督意愿，能更好地保证公司的会计信息质量，从而降低银行对公司索取的风险溢价，进而降低银行贷款成本。由此，假设1得到证明。从控制变量上来看，资产负债率（LEV）与银行贷款成本（Cost）在1%的水平上显著负相关，资产有型性（PPE）与银行贷款成本（Cost）在1%的水平上显著负相关，而总资产收益率（ROA）、公司规模（Size）和第一大股东持股比例（FIRST）对银行贷款成本（Cost）没有显著的影响。

表4-4 会计专业独立董事本地任职与银行贷款成本回归结果

变量	因变量：Cost	
	（1）	（2）
GEO_N	-0.003** (-2.020)	
GEO_D		-0.009*** (-2.930)
ROA	0.027 (0.832)	0.028 (0.863)
Size	-0.000 (-0.374)	-0.001 (-0.515)
LEV	-0.067*** (-6.789)	-0.067*** (-6.827)
FIRST	0.002 (0.207)	0.002 (0.234)
PPE	-0.028*** (-3.544)	-0.029*** (-3.593)
_cons	0.119*** (4.894)	0.127*** (5.185)
IND	Yes	Yes
Year	Yes	Yes
Adj. R^2	0.027	0.028
N	9 012	9 012

注：括号内为White异方差调整的t值，***、**、*分别表示在1%、5%和10%的水平上显著。

第4章 会计专业独立董事本地任职对银行贷款成本的影响

为了检验不同管理层权力下会计专业独立董事本地任职对银行贷款成本影响的差异,将样本分为高管理层权力组和低管理层权力组分别对模型(4-1)进行回归。回归结果列示于表4-5中。如表4-5所示,当解释变量为本地任职的会计专业独立董事数量(GEO_N)时,在高管理层权力组中,本地任职的会计专业独立董事数量(GEO_N)与银行贷款成本(Cost)的回归系数为负,但是不显著,在低管理层权力组中,本地任职的会计专业独立董事数量(GEO_N)与银行贷款成本(Cost)的回归系数为-0.003,且在10%的水平上显著;当解释变量为本地会计专业独立董事的存在性(GEO_D)时,在高管理层权力组中,本地会计专业独立董事的存在性(GEO_D)与银行贷款成本(Cost)的回归系数为负,但是不显著,在低管理层权力组中,本地会计专业独立董事的存在性(GEO_D)与银行贷款成本(Cost)的回归系数为-0.010,且在1%的水平上显著。以上的实证结果表明会计专业独立董事本地任职的信息治理作用受制于管理层权力,当公司的管理层权力较大时,本地会计专业独立董事更难发挥其治理作用。因此,在管理层权力较大的公司中,会计专业独立董事本地任职对银行贷款成本的降低作用减弱。由此,假设2得到证明。

表4-5 会计专业独立董事本地任职、管理层权力与银行贷款成本回归结果

变量	因变量:Cost			
	(1) 高管理层权力	(2) 低管理层权力	(3) 高管理层权力	(4) 低管理层权力
GEO_N	-0.005 (-1.474)	-0.003* (-1.670)		
GEO_D			-0.007 (-1.417)	-0.010*** (-2.880)

续表

变量	因变量：Cost			
	(1)	(2)	(3)	(4)
	高管理层权力	低管理层权力	高管理层权力	低管理层权力
ROA	0.016	0.034	0.016	0.036
	(0.346)	(1.039)	(0.342)	(1.080)
Size	0.001	-0.001	0.001	-0.001
	(0.643)	(-0.766)	(0.614)	(-0.928)
LEV	-0.061***	-0.072***	-0.061***	-0.072***
	(-4.048)	(-7.184)	(-4.056)	(-7.227)
FIRST	-0.012	-0.005	-0.012	-0.004
	(-0.675)	(-0.469)	(-0.676)	(-0.410)
PPE	-0.023*	-0.030***	-0.024*	-0.030***
	(-1.649)	(-3.323)	(-1.746)	(-3.348)
_cons	0.088*	0.137***	0.092*	0.147***
	(1.787)	(4.396)	(1.867)	(4.674)
IND	Yes	Yes	Yes	Yes
Year	Yes	Yes	Yes	Yes
Adj. R^2	0.022	0.028	0.022	0.028
N	2 625	6 387	2 625	6 387

注：括号内为 White 异方差调整的 t 值，***、**、* 分别表示在1%、5%和10%的水平上显著。

为了检验不同的法制环境下，会计专业独立董事本地任职对银行贷款成本影响的差异，本章将全样本分为高法制环境组和低法制环境组，使用模型（4-1）分别在两组样本中进行检验，回归结果列示于表4-6中。如表4-6所示，从（1）列和（2）列来看，当解释变量为本地任职的会计专业独立董事数量（GEO_N）时，在高法制环境组，本地任职的会计专业独立董事数量（GEO_N）与银行贷款成本（Cost）的回归系数为-0.004，但是不显著，在低法制环境组，本地任职的会计专业独立董事数量（GEO_N）与银行贷款成本（Cost）的回归系数为-0.005，且在5%的水平上显著。从（3）列和（4）列来看，当解释变量为本地会计专业独立董事的存在性（GEO_D）时，在高法制环境组，本地会计专业独立董事的存在性（GEO_D）与银行贷款成本（Cost）的回归系数为-0.003，但是不显著，在低法制环境组，本地会计专业独立董事的存在性（GEO_D）与银行贷款成本（Cost）的回归系数为-0.008，且在5%的水平上显著。以上的实证结果表明，法制环境与会计专业独立董事本地任职在信息治理方面存在着一定的替代作用，法制环境的提高减弱了会计专业独立董事本地任职对银行贷款成本的影响。由此，假设3得到证明。

表4-6 会计专业独立董事本地任职、法制环境与银行贷款成本回归结果

变量	因变量：Cost			
	（1）	（2）	（3）	（4）
	高法制环境	低法制环境	高法制环境	低法制环境
GEO_N	-0.004 (-1.043)	-0.005** (-2.106)		
GEO_D			-0.003 (-1.095)	-0.008** (-1.988)
ROA	0.016 (0.261)	0.061 (1.170)	-0.038 (-1.614)	0.062 (1.185)
Size	0.005** (2.037)	-0.001 (-0.693)	0.003** (2.225)	-0.002 (-0.770)
LEV	-0.079*** (-4.281)	-0.062*** (-3.890)	-0.022*** (-3.061)	-0.062*** (-3.877)

续表

变量	因变量：Cost			
	(1)	(2)	(3)	(4)
	高法制环境	低法制环境	高法制环境	低法制环境
FIRST	-0.027	0.005	-0.023***	0.005
	(-1.539)	(0.373)	(-2.992)	(0.397)
PPE	-0.013	-0.025**	-0.008	-0.025**
	(-0.799)	(-2.043)	(-1.033)	(-2.093)
_cons	-0.001	0.134***	0.032	0.141***
	(-0.017)	(3.124)	(1.226)	(3.254)
IND	Yes	Yes	Yes	Yes
Year	Yes	Yes	Yes	Yes
Adj. R^2	0.024	0.026	0.035	0.027
N	4 397	4 525	4 397	4 525

注：括号内为 White 异方差调整的 t 值，***、**、* 分别表示在 1%、5% 和 10% 的水平上显著。

4.3.4 稳健性检验

（1）内生性问题探讨。前已述及，会计专业独立董事本地任职缓解了企业与银行之间的信息不对称，从而降低了银行贷款成本，但会计专业独立董事本地任职与银行贷款成本的这种关系可能是由内生性引起的。首先，会计专业独立董事本地任职与银行贷款成本的关系可能同时受到一些不可观测的其他因素的影响，由此产生遗漏变量的内生性问题，导致估计结果有偏。其次，会计专业独立董事本地任职与银行贷款成本的关系也有可能受到样本自选择问题的困扰，因为企业的一些特质决定了其对本地会计专业独立董事的聘用，而这些特质又会影响银行贷款成本，导致产生自选择引起的内生性问题。

为了缓解由遗漏变量引起的内生性问题,本章同时使用以下三种方法:(1)滞后一期的回归。借鉴孙亮和刘春(2014)的研究,将滞后一期的会计专业独立董事本地任职对银行贷款成本进行回归,回归结果如表4-7所示,滞后一期的本地任职的会计专业独立董事数量(LGEO_N)与银行贷款成本(Cost)的回归系数为-0.004,且在5%的水平上显著,滞后一期的本地会计专业独立董事的存在性(LGEO_D)与银行贷款成本的回归系数为-0.009,且在5%的水平上显著。(2)工具变量两阶段最小二乘法。借鉴曹春方和林雁(2017),以各省本地会计专业独立董事人数与各省上市公司数量之比作为工具变量(IV),使用两阶段最小二乘法进行估计。实证结果列示于表4-8中,(2)列和(4)列是第二阶段回归的结果,从中可以看出,会计专业独立董事本地任职的两个替代性指标(GEO_N和GEO_D)的回归系数均显著为负。(3)PSM(倾向得分匹配法)。借鉴周泽将和刘中燕(2017)、孙亮和刘春(2014),以公司规模(Size)、资产负债率(LEV)、总资产收益率(ROA)、产权性质(State)、企业上市的年限(Age)、第一大股东持股比例(FIRST)、会计专业独立董事平均学历(A_edu)、会计专业独立董事平均年龄(A_age)和女性会计专业独立董事所占比例(R_woman)为标准,同时使用最近邻匹配、半径匹配和核匹配为本地任职的会计专业独立董事样本寻找配对样本。匹配的结果如表4-9所示,不管使用哪种匹配方法,匹配后的平均处理效应均显著为负。以上的检验结果表明,在控制遗漏变量的内生性问题后,会计专业独立董事本地任职仍能显著降低银行贷款成本。

表4-7 滞后一期会计专业独立董事本地任职与银行贷款成本回归结果

变量	因变量：Cost	
	(1)	(2)
LGEO_N	-0.004**	
	(-2.235)	
LGEO_D		-0.009**
		(-2.528)
ROA	0.054	0.056
	(1.407)	(1.441)
Size	-0.001	-0.001
	(-0.921)	(-1.060)
LEV	-0.057***	-0.057***
	(-5.227)	(-5.265)
FIRST	0.003	0.003
	(0.293)	(0.335)
PPE	-0.027***	-0.028***
	(-3.024)	(-3.071)
_cons	0.146***	0.153***
	(4.759)	(5.001)
IND	Yes	Yes
Year	Yes	Yes
Adj. R^2	0.033	0.033
N	6 897	6 897

注：括号内为White异方差调整的t值，***、**、*分别表示在1%、5%和10%的水平上显著。

表 4-8　　　　工具变量两阶段最小二乘估计回归结果

变量	(1) Stage1 GEO_N	(2) Stage2 Cost	(3) Stage1 GEO_D	(4) Stage2 Cost
GEO_N		-0.040*** (-2.845)		
GEO_D				-0.068*** (-2.858)
ROA	-0.381** (-2.347)	-0.027 (-0.845)	-0.018 (-0.173)	-0.013 (-0.413)
Size	-0.008 (-1.073)	0.001 (0.530)	-0.027*** (-6.051)	-0.001 (-0.749)
LEV	-0.176*** (-3.630)	-0.077*** (-7.666)	-0.125*** (-4.163)	-0.079*** (-7.664)
FIRST	-0.113** (-2.194)	-0.007 (-0.752)	-0.025 (-0.786)	-0.004 (-0.423)
PPE	0.068 (1.512)	-0.038*** (-4.982)	-0.028 (-1.053)	-0.043*** (-5.693)
IV	0.354*** (10.434)		0.211*** (10.603)	
_cons	1.016*** (6.603)	0.158*** (5.803)	1.302*** (14.178)	0.205*** (5.218)
IND	Yes	Yes	Yes	Yes
Year	Yes	Yes	Yes	Yes
Adj. R^2	0.026	0.020	0.027	0.019
N	9 012	9 012	9 012	9 012

注：括号内为 White 异方差调整的 t 值，***、**、* 分别表示在 1%、5% 和 10% 的水平上显著。

表 4 – 9　　　　　　　　　PSM 检验

匹配方法	ATT	T 值
	Cost	
最近邻匹配法	-0.006	-1.680*
半径匹配法	-0.005	-1.700*
核匹配法	-0.006	-1.850*

注：***、**、* 分别表示在 1%、5% 和 10% 的水平上显著。

为了缓解由样本自选择引起的内生性问题，本章使用 Heckman 两阶段法进行回归。其中，在第一阶段将行业中其他公司的平均会计专业独立董事本地任职数据（TONGHANG）作为工具变量，采用 Logit 模型计算出 IMR（逆米尔斯率）。然后将第一阶段计算出的 IMR 放入模型（4 – 1）中回归。第二阶段的回归结果如表 4 – 10 所示，本地任职的会计专业独立董事数量（GEO_N）与银行贷款成本（Cost）的回归系数为 – 0.003，且在 5% 的水平上显著，本地会计专业独立董事的存在性（GEO_D）与银行贷款成本（Cost）的回归系数为 – 0.009，且在 5% 的水平上显著，以上检验结果表明，控制样本自选择问题后，会计专业独立董事本地任职仍对银行贷款成本具有显著的降低作用。

表 4 – 10　　　　　　　Heckman 两阶段检验

变量	因变量：GEO_D	因变量：Cost	
	(1)	(2)	(3)
	Stage1	Stage2	Stage2
GEO_N		-0.003**	
		(-2.017)	
GEO_D			-0.009***
			(-2.925)

续表

变量	因变量：GEO_D	因变量：Cost	
	(1)	(2)	(3)
	Stage1	Stage2	Stage2
ROA	0.086	0.028	0.029
	(0.166)	(0.854)	(0.885)
Size	-0.136***	-0.001	-0.001
	(-6.088)	(-0.453)	(-0.509)
LEV	-0.607***	-0.070***	-0.071***
	(-3.972)	(-4.952)	(-4.970)
FIRST	-0.132	0.001	0.001
	(-0.828)	(0.108)	(0.137)
PPE	-0.152	-0.029***	-0.029***
	(-1.114)	(-3.418)	(-3.465)
TONGHANG	0.236**		
	(2.281)		
IMR		0.015	0.015
		(0.345)	(0.335)
_cons	4.138***	0.133***	0.141***
	(9.037)	(2.620)	(2.782)
IND	No	Yes	Yes
Year	No	Yes	Yes
Pseudo R^2	0.0147		
Adj. R^2		0.027	0.028
N	9 667	9 008	9 008

注：括号内为 White 异方差调整的 t 值，***、**、* 分别表示在1%、5%和10%的水平上显著。

(2) 替换变量的回归。为了排除不同会计专业独立董事本地任职的度量方式对本章研究结果的影响，使用本地任职的会计专业独立董事比例（GEO_R）作为会计专业独立董事本地任职的替代变量，对本章中的假设进行重新检验。检验结果如表 4-11 所示，本地任职的会计专业独立董事比例（GEO_R）与银行贷款成本（Cost）的回归系数为 -0.009，且在 1% 的水平上显著；在高管理层权力组中，本地任职的会计专业独立董事比例（GEO_R）与银行贷款成本的（Cost）的回归系数为负，但是不显著，在低管理层权力组中，本地任职的会计专业独立董事比例（GEO_R）与银行贷款成本的（Cost）的回归系数为 -0.010，且在 1% 的水平上显著；在高法制环境组，本地任职的会计专业独立董事比例（GEO_R）与银行贷款成本（Cost）的回归系数为 -0.003，但是不显著，在低法制环境组，本地任职的会计专业独立董事比例（GEO_R）与银行贷款成本（Cost）的回归系数为 -0.008，且在 5% 的水平上显著。由此可见，改变会计专业独立董事本地任职的衡量方法，本章的主要结论不发生改变。

表 4-11　　　　　　　替换解释变量的回归结果

变量	因变量：Cost				
	(1)	(2)	(3)	(4)	(5)
	全样本	高管理层权力	低管理层权力	高法制环境	低法制环境
GEO_R	-0.009***	-0.006	-0.010***	-0.003	-0.008**
	(-3.049)	(-1.303)	(-2.781)	(-0.923)	(-2.009)
ROA	0.028	0.016	0.036	-0.038	0.061
	(0.866)	(0.366)	(0.828)	(-1.606)	(1.595)
Size	-0.001	0.001	-0.002	0.003**	-0.002
	(-0.596)	(0.663)	(-1.010)	(2.201)	(-0.916)
LEV	-0.067***	-0.061***	-0.072***	-0.022***	-0.062***
	(-6.826)	(-3.205)	(-6.185)	(-3.045)	(-5.064)

续表

变量	因变量：Cost				
	(1)	(2)	(3)	(4)	(5)
	全样本	高管理层权力	低管理层权力	高法制环境	低法制环境
FIRST	0.002	-0.012	-0.004	-0.023***	0.005
	(0.269)	(-0.654)	(-0.390)	(-2.993)	(0.430)
PPE	-0.029***	-0.024*	-0.030***	-0.008	-0.025**
	(-3.598)	(-1.894)	(-3.090)	(-1.030)	(-2.290)
_cons	0.130***	0.092**	0.150***	0.032	0.142***
	(5.197)	(2.282)	(4.812)	(1.210)	(3.691)
IND	Yes	Yes	Yes	Yes	Yes
Year	Yes	Yes	Yes	Yes	Yes
Adj. R^2	0.028	0.022	0.029	0.035	0.026
N	9 012	2 625	6 387	4 397	4 525

注：括号内为White异方差调整的t值，***、**、*分别表示在1%、5%和10%的水平上显著。

（3）控制会计专业独立董事其他背景特征的影响。考虑到会计专业独立董事的其他背景特征可能也会影响银行贷款成本，对会计专业独立董事的学历（Degree）、年龄（Age）和性别（Sex）等基本背景特征进行了控制。检验结果如表4-12所示，会计专业独立董事本地任职的两个替代性指标（GEO_N和GEO_D）的回归系数分别为-0.003和-0.009，且分别在5%和1%的水平上显著。这表明控制会计专业独立董事其他背景特征的影响后，会计专业独立董事本地任职仍对银行贷款成本具有显著的降低作用。

表 4-12 控制会计专业独立董事其他背景特征的回归

变量	因变量：Cost	
	(1)	(2)
GEO_N	-0.003**	
	(-1.961)	
GEO_D		-0.009***
		(-2.914)
ROA	0.028	0.029
	(0.855)	(0.891)
Size	-0.000	-0.000
	(-0.239)	(-0.374)
LEV	-0.067***	-0.068***
	(-6.765)	(-6.802)
FIRST	0.002	0.002
	(0.250)	(0.277)
PPE	-0.029***	-0.029***
	(-3.573)	(-3.622)
Degree	-0.001	-0.001
	(-0.666)	(-0.754)
Age	-0.000	-0.000
	(-0.711)	(-0.689)
Sex	0.002	0.002
	(0.640)	(0.665)
_cons	0.124***	0.132***
	(4.817)	(5.114)
IND	Yes	Yes
Year	Yes	Yes
Adj. R^2	0.027	0.028
N	9 012	9 012

注：括号内为 White 异方差调整的 t 值，***、**、* 分别表示在 1%、5% 和 10% 的水平上显著。

4.3.5 进一步分析

(1) 会计专业独立董事本地任职影响银行贷款成本的路径检验。前文的理论分析表明会计专业独立董事本地任职通过发挥较好的信息治理作用,改善了企业的会计信息质量,进而使企业能够获得更低的银行贷款成本,为了检验这一传导路径,本章借鉴温忠麟等(2004)提出的中介效应检验方法,通过依次对以下的三个模型的回归来进行检验。首先,通过对模型(4-1)进行回归,检验会计专业独立董事本地任职(GEO)对银行贷款成本(Cost)的影响;接着,通过对模型(4-2)进行回归,检验会计专业独立董事本地任职(GEO)对信息披露质量(DQ)的影响;最后,对模型(4-3)进行回归,检验会计专业独立董事本地任职(GEO)和信息披露质量(DQ)对银行贷款成本(Cost)的影响。当模型(4-1)中的 α_1 显著为负,且模型(4-2)中的 β_1 显著为正时,若模型(4-3)中的 λ_2 显著为负,而 λ_1 不显著,则说明信息披露在会计专业独立董事本地任职与银行贷款成本的关系中发挥了完全中介作用,若模型(4-3)中的 λ_2 显著为负,且 λ_1 显著为负,则说明信息披露在会计专业独立董事本地任职与银行贷款成本的关系中发挥了部分中介作用。

$$Cost_{i,t} = \alpha_0 + \alpha_1 GEO_{i,t} + \alpha_2 Roa_{i,t} + \alpha_3 Size_{i,t} + \\ \alpha_4 LEV_{i,t} + \alpha_5 FIRST_{i,t} + \alpha_6 PPE_{i,t} + \\ \sum IND + \sum Year + \varepsilon \quad (4-1)$$

$$DQ_{i,t} = \beta_0 + \beta_1 GEO_{i,t} + \beta_2 Roa_{i,t} + \beta_3 Size_{i,t} + \\ \beta_4 LEV_{i,t} + \beta_5 FIRST_{i,t} + \beta_6 State_{i,t} + \\ \beta_7 Growth_{i,t} + \sum IND + \sum Year + \varepsilon \quad (4-2)$$

$$Cost_{i,t} = \lambda_0 + \lambda_1 GEO_{i,t} + \lambda_2 DQ_{i,t} + \lambda_3 Roa_{i,t} +$$
$$\lambda_4 Size_{i,t} + \lambda_5 LEV_{i,t} + \lambda_6 FIRST_{i,t} + \quad (4-3)$$
$$\lambda_7 PPE_{i,t} + \sum IND + \sum Year + \varepsilon$$

在上述模型（4-2）中，被解释变量是信息披露质量（DQ），采用深交所的上市公司信息披露考评数据进行度量（若考评结果为"优秀"或"良好"取值为1，否则取值为0），解释变量为会计专业独立董事本地任职（GEO），包括本地任职的会计专业独立董事数量（GEO_N）和本地会计专业独立董事的存在性（GEO_D）两个变量，其余为控制变量，分别为总资产收益率（ROA）、公司规模（Size）、资产负债率（LEV）、第一大股东持股比例（FIRST）、产权性质（State）和公司成长性（Growth）。模型（4-1）各变量的定义已在前文进行了介绍，此处不再赘述。模型（4-3）是在模型（4-1）的基础上加上会计专业独立董事本地任职（GEO）变量而构建的。

实证检验结果如表4-13所示，从（1）列和（4）列可以看出，本地任职的会计专业独立董事数量（GEO_N）与银行贷款成本（Cost）的回归系数为-0.016，且在1%的水平上显著，本地会计专业独立董事的存在性（GEO_D）与银行贷款成本（Cost）的回归系数为-0.023，且在1%的水平上显著，这表明会计专业独立董事本地任职降低了银行贷款成本。从（2）列和（5）列可以看出，本地会计专业独立董事的存在性（GEO_D）与信息披露质量（DQ）的回归系数为0.212，且在1%的水平上显著，本地会计专业独立董事的存在性（GEO_D）与信息披露质量（DQ）的回归系数为0.464，且在1%的水平上显著，这表明会计专业独立董事本地任职提高了企业的信息披露质量。从（3）列可以看出，本地任职的会计专业独立董事数量（GEO_N）与银行贷款成本（Cost）的回归系数为-0.015，且在1%的水平上显著，信息披露质量（DQ）与银行贷款成本（Cost）的回归系数为-0.018，且在

5%的水平上显著。从（6）列可以看出，本地会计专业独立董事的存在性（GEO_D）与银行贷款成本（Cost）的回归系数为-0.022，且在1%的水平上显著，信息披露质量（DQ）与银行贷款成本（Cost）的回归系数为-0.018，且在5%的水平上显著。以上的实证结果表明信息披露质量在会计专业独立董事本地任职影响银行贷款成本的过程中发挥了部分中介作用。

表4-13 会计专业独立董事本地任职与银行贷款成本的路径检验结果

变量	(1) Cost	(2) DQ	(3) Cost	(4) Cost	(5) DQ	(6) Cost
GEO_N	-0.016*** (-4.344)	0.212*** (2.621)	-0.015*** (-4.273)			
GEO_D				-0.023*** (-4.182)	0.464*** (4.107)	-0.022*** (-4.075)
DQ			-0.018** (-2.152)			-0.018** (-2.090)
ROA	-0.042 (-0.913)	11.545*** (10.791)	-0.027 (-0.581)	-0.042 (-0.927)	11.584*** (10.820)	-0.028 (-0.604)
Size	-0.003 (-1.072)	0.372*** (5.891)	-0.002 (-0.905)	-0.003 (-1.204)	0.383*** (6.065)	-0.003 (-1.036)
LEV	-0.073*** (-5.149)	-1.532*** (-5.020)	-0.075*** (-5.305)	-0.074*** (-5.237)	-1.545*** (-5.050)	-0.076*** (-5.386)
State		0.002 (0.014)			0.006 (0.044)	
FIRST	-0.019 (-1.143)	0.881** (2.303)	-0.018 (-1.079)	-0.018 (-1.107)	0.863** (2.254)	-0.017 (-1.046)
PPE	-0.068*** (-4.288)		-0.066*** (-4.196)	-0.069*** (-4.369)		-0.067*** (-4.279)

续表

变量	(1) Cost	(2) DQ	(3) Cost	(4) Cost	(5) DQ	(6) Cost
Growth		-0.329*** (-2.894)			-0.332*** (-2.921)	
_cons	0.233*** (4.095)	-34.307 (-0.037)	0.223*** (3.897)	0.247*** (4.294)	-36.677 (-0.024)	0.236*** (4.089)
IND	Yes	Yes	Yes	Yes	Yes	Yes
Year	Yes	Yes	Yes	Yes	Yes	Yes
Adj. R^2	0.022		0.022	0.021		0.022
Pseudo R^2		0.377			0.379	
N	4 147	4 147	4 147	4 147	4 147	4 147

注：括号内为 White 异方差调整的 t 值，***、**、* 分别表示在1%、5%和10%的水平上显著。

(2) 会计专业独立董事本地任职、产权性质与银行贷款成本。由于上市公司产权背景的不同，会计专业独立董事本地任职对银行贷款成本的影响在国有企业和非国有企业中可能存在差异。相比于非国有企业，银行向国有企业提供融资的风险更低，原因主要表现在以下两个方面：首先，国有企业能得到各级地方政府的"优待"，在产品市场和要素市场保持较强的竞争力，这就降低了国有企业经营失败的风险。其次，当国有企业陷入财务困境时，政府会伸出"援助之手"，为国有企业提供融资担保或者资金上的扶持。因此，银行向国有企业提供贷款时对企业会计信息的参考减少，因而，在国有上市公司中，会计专业独立董事本地任职对银行贷款成本的影响减弱。

本章将全样本分为国有组和非国有组，分别在两组样本中使用模型（4-1）进行回归，回归结果列示于表4-14中。如表4-14所示，在国有企业样本中，本地任职的会计专业独立董事数量

(GEO_N) 与银行贷款成本 (Cost) 的回归系数为 -0.002，但是不显著，本地会计专业独立董事的存在性 (GEO_D) 与银行贷款成本 (Cost) 的回归系数为 -0.009，但是不显著；在非国有企业样本中，本地任职的会计专业独立董事数量 (GEO_N) 与银行贷款成本 (Cost) 的回归系数为 -0.005，且在 10% 的水平上显著，本地会计专业独立董事的存在性 (GEO_D) 与银行贷款成本 (Cost) 的回归系数为 -0.008，且在 10% 的水平上显著。以上的实证结果表明，国有产权性质减弱了会计专业独立董事本地任职与银行贷款成本之间的关系。

表 4-14　会计专业独立董事本地任职、产权性质与银行贷款成本回归结果

变量	因变量：Cost			
	(1)	(2)	(3)	(4)
	国有企业	非国有企业	国有企业	非国有企业
GEO_N	-0.002 (-0.569)	-0.005* (-1.787)		
GEO_D			-0.009 (-1.382)	-0.008* (-1.789)
ROA	0.132* (1.919)	-0.051 (-1.134)	0.133* (1.921)	-0.050 (-1.123)
Size	-0.002 (-1.332)	0.003 (1.151)	-0.003 (-1.568)	0.003 (1.125)
LEV	-0.061*** (-4.387)	-0.069*** (-4.366)	-0.062*** (-4.404)	-0.069*** (-4.389)
FIRST	0.024* (1.805)	-0.014 (-1.082)	0.025* (1.835)	-0.014 (-1.088)

续表

变量	因变量：Cost			
	(1)	(2)	(3)	(4)
	国有企业	非国有企业	国有企业	非国有企业
PPE	-0.026**	-0.036***	-0.026**	-0.036***
	(-2.052)	(-2.876)	(-2.065)	(-2.920)
_cons	0.150***	0.067	0.163***	0.071
	(4.257)	(1.364)	(4.919)	(1.433)
IND	Yes	Yes	Yes	Yes
Year	Yes	Yes	Yes	Yes
Adj. R^2	0.042	0.022	0.043	0.023
N	4 456	4 556	4 456	4 556

注：括号内为White异方差调整的t值，***、**、*分别表示在1%、5%和10%的水平上显著。

（3）会计专业独立董事本地任职影响银行贷款成本的经济后果：基于企业创新投入的视角。创新活动是推动国家经济发展和社会进步的关键要素（Ciftci and Cready，2011；唐未兵等，2014），只有在技术上掌握了主动权，经济上才能先人一步。从微观企业来看，创新是企业保持竞争优势和持续增长的动力（Porter，1992）。因此，创新活动受到了社会各界的重视。自2006年国务院提出创新型国家战略以来，企业的创新投入增长迅速。然而我国企业的创新投入与发达国家相比仍然显得不足（钟凯等，2017），激励企业增加创新投入仍是学术界和实务界亟待解决的问题。

企业的创新活动需要源源不断的资金的支持，仅仅依靠企业的内部资金显然是不够的。因此还需要开展外部融资，为其研发项目筹措足够的资金。Chiao（2002）和David等（2008）研究发现外部负债融资促进了企业的研发投入。夏冠军和陆根尧（2012）

发现股权融资与高新技术上市公司的研发投入呈正相关关系。由于研发活动是企业的商业机密，一般不会对外披露，这造成了投资者与企业一定程度的信息不对称，加之研发项目的产出也具有高度的不确定性，使得投资者难以评价一个研发项目的好坏，会提高风险溢价的索取，导致企业的资本成本增加。资本成本的增加抑制了企业的研发创新。

相比于异地会计专业独立董事，由于离上市公司的地理距离更近，本地会计专业独立董事仅需要付出较小的成本（时间成本和金钱成本）就能参与董事会决策，这意味着本地会计专业独立董事的监督成本更低；同时，由于地理距离近，本地会计专业独立董事能够更方便、频繁地对上市公司进行实地访问，获取上市公司的第一手数据，有利于提高其监督效率；此外，本地会计专业独立董事在本地建立起了一定的声誉，为了维护其本地声誉，本地会计专业独立董事会更好地实行监督之职责。基于以上的原因，本地会计独立董事能够比异地会计专业独立董事起到更好的信息治理效果，更大程度地降低企业的信息不对称状况，从而减少银行未来的风险，有利于获得更低的银行贷款成本，缓解企业的银行信贷融资约束，促进企业的创新投入。通过以上的分析，本章认为会计专业独立董事本地任职通过影响银行贷款成本进而影响了企业的创新投入。

为了检验会计专业独立董事本地任职对银行贷款成本的影响是否会反映到企业的创新投入上，本章使用2007—2016年我国沪深两市 A 股非金融类上市公司为研究对象，借鉴温忠麟等（2004）的研究方法，依次对以下模型的回归进行检验。首先，对模型（4-4）进行回归，检验会计专业独立董事本地任职与企业创新投入之间的关系；其次，对模型（4-1）进行回归，检验会计专业独立董事本地任职与银行贷款成本之间的关系；最后，对模型（4-5）进行回归，检验会计专业独立董事本地任职、银行贷款成本与企业创新投入的关系。当模型（4-4）中的 α_1 显著为正且模型（4-1）中的 β_1 显著为负时，如果模型（4-5）λ_2 显著为负，而 λ_1 不显著，则说明在会计专业独立董事本地任职与企业创新投入的关系中，银行贷款成本扮演了完全中介作用，即会计专业独立董事本地任职对企业创新投入的影响完全是由银行贷款成本实现的，如果模型（4-5）λ_2 显著为负且 λ_1 显著为正，则说明在会计专业独立董事本地任职与企业创新的关系中，银行贷款成本扮演了部分中介作用，即会计专业独立董事本地任职可以通过银行贷款成本的部分中介作用促进企业创新投入。

$$
\begin{aligned}
RD_{i,t} = & \alpha_0 + \alpha_1 GEO_{i,t} + \alpha_2 FIRST_{i,t} + \alpha_3 Size_{i,t} + \\
& \alpha_4 LEV_{i,t} + \alpha_5 Growth_{i,t} + \alpha_6 Roa_{i,t} + \\
& \alpha_7 CFO_{i,t} + \alpha_8 PPE_{i,t} + \alpha_9 Age_{i,t} + \\
& \alpha_{10} State_{i,t} + \sum IND + \sum Year + \varepsilon
\end{aligned} \quad (4-4)
$$

$$
\begin{aligned}
Cost_{i,t} = & \beta_0 + \beta_1 GEO_{i,t} + \beta_2 Roa_{i,t} + \beta_3 Size_{i,t} + \\
& \beta_4 LEV_{i,t} + \beta_5 FIRST_{i,t} + \beta_6 PPE_{i,t} + \\
& \sum IND + \sum Year + \varepsilon
\end{aligned} \quad (4-1)
$$

$$
\begin{aligned}
RD_{i,t} = & \lambda_0 + \lambda_1 GEO_{i,t} + \lambda_2 Cost_{i,t} + \lambda_3 FIRST_{i,t} + \\
& \lambda_4 Size_{i,t} + \lambda_5 LEV_{i,t} + \lambda_6 Growth_{i,t} + \\
& \lambda_7 Roa_{i,t} + \lambda_8 CFO_{i,t} + \lambda_9 PPE_{i,t} + \\
& \lambda_{10} Age_{i,t} + \lambda_{11} State_{i,t} + \sum IND + \\
& \sum Year + \varepsilon
\end{aligned} \quad (4-5)
$$

在上述模型（4-4）中，被解释变量是企业创新投入（RD），借鉴潘越等（2015）的研究，使用当年企业研发投入除以营业收

第4章 会计专业独立董事本地任职对银行贷款成本的影响

入对企业创新投入进行度量；解释变量是会计专业独立董事本地任职（GEO），包括本地任职的会计专业独立董事数量（GEO_N）和本地会计专业独立董事的存在性（GEO_D）；在控制变量方面，根据已有文献对第一大股东持股比例（FIRST）、公司规模（Size）、资产负债率（LEV）、成长性（Growth）、总资产收益率（ROA）、经营活动现金流量净额（CFO）、资产有型性（PPE）、企业上市年限（Age）、产权性质（State）以及行业和年度虚拟变量进行了控制。模型（4-1）的各变量的定义详见表4-1，此处不再赘述。模型（4-5）是在模型（4-4）的基础上加上银行贷款成本（Cost）变量构建而得。

实证检验结果列示于表4-15中，从（1）列和（4）列可以看出，本地任职的会计专业独立董事数量（GEO_N）与企业创新投入（RD）的回归系数为0.002，且在1%的水平上显著，本地会计专业独立董事的存在性（GEO_D）与企业创新投入（RD）的回归系数为0.003，且在1%的水平上显著，这说明会计专业独立董事本地任职与企业创新投入呈显著的正相关关系。从（2）列和（5）列可以看出，本地任职的会计专业独立董事数量（GEO_N）与银行贷款成本（Cost）的回归系数为-0.004，且在10%的水平上显著，本地会计专业独立董事的存在性（GEO_D）与银行贷款成本（Cost）的回归系数为-0.007，且在5%的水平上显著，这表明会计专业独立董事本地任职发挥了一定的信息治理作用，提升了企业的会计信息水平，从而有利于企业获得更低的银行贷款成本。从（3）列可以看出，本地任职的会计专业独立董事数量（GEO_N）与企业创新投入（RD）的回归系数为0.001，且在1%的水平上显著，银行贷款成本（Cost）与企业创新投入（RD）的回归系数为-0.009，且在1%的水平上显著；从（6）列可以看出，本地会计专业独立董事的存在性（GEO_D）与企业创新投入

（RD）的回归系数为 0.002，且在 1% 的水平上显著，银行贷款成本（Cost）与企业创新投入（RD）的回归系数为 -0.009，且在 1% 的水平上显著。以上的实证结果表明，银行贷款成本在会计专业独立董事本地任职与企业创新的关系中发挥了部分中介作用，即会计专业独立董事本地任职通过降低银行贷款成本促进了企业创新投入。

表 4-15 会计专业独立董事本地任职影响银行贷款成本的经济后果

变量	(1) RD	(2) Cost	(3) RD	(4) RD	(5) Cost	(6) RD
GEO_N	0.002*** (4.561)	-0.004* (-1.804)	0.001*** (3.472)			
GEO_D				0.003*** (4.264)	-0.007** (-2.226)	0.002*** (3.265)
Cost			-0.009*** (-2.916)			-0.009*** (-2.910)
FIRST	-0.010*** (-4.077)	-0.005 (-0.471)	-0.008*** (-3.563)	-0.009*** (-4.051)	-0.005 (-0.468)	-0.008*** (-3.535)
Size	-0.001*** (-4.074)	0.003** (2.150)	-0.002*** (-4.445)	-0.001*** (-3.965)	0.003** (2.049)	-0.002*** (-4.325)
LEV	-0.032*** (-13.991)	-0.069*** (-7.221)	-0.030*** (-12.970)	-0.032*** (-14.025)	-0.069*** (-7.216)	-0.030*** (-13.016)
Growth	-0.001 (-1.311)		-0.002** (-2.161)	-0.001 (-1.315)		-0.002** (-2.173)
ROA	-0.020*** (-2.612)	0.037 (1.232)	-0.015* (-1.894)	-0.021*** (-2.654)	0.038 (1.253)	-0.015* (-1.939)
CFO	0.006 (1.035)		0.003 (0.636)	0.006 (1.029)		0.003 (0.625)

续表

变量	(1) RD	(2) Cost	(3) RD	(4) RD	(5) Cost	(6) RD
PPE	-0.023*** (-9.883)	-0.002 (-0.255)	-0.020*** (-8.558)	-0.022*** (-9.797)	-0.003 (-0.283)	-0.019*** (-8.482)
Age	-0.001*** (-10.740)		-0.001*** (-9.827)	-0.001*** (-10.554)		-0.001*** (-9.637)
State	-0.002** (-2.002)	(1.834)	-0.002** (-2.164)	-0.002** (-1.992)	(1.828)	-0.002** (-2.153)
_cons	0.069*** (9.150)	0.030 (0.966)	0.069*** (9.162)	0.068*** (8.873)	0.036 (1.140)	0.067*** (8.865)
IND	Yes	Yes	Yes	Yes	Yes	Yes
Year	Yes	Yes	Yes	Yes	Yes	Yes
Adj. R^2	0.384	0.024	0.363	0.384	0.024	0.363
N	6 194	6 194	6 194	6 194	6 194	6 194

注：括号内为 White 异方差调整的 t 值，***、**、* 分别表示在 1%、5% 和 10% 的水平上显著。

4.4 本章小结

本章立足于本地会计专业独立董事的信息治理功能在银行信贷市场上的反应，以及不同的内外部环境下本地会计专业独立董事的信息治理功能在银行信贷市场上反应的差异，以 2007—2016 年我国上海证券交易所和深圳证券交易所上市的 A 股非金融类上市公司为研究样本，检验会计专业独立董事本地任职对银行贷款成本的影响以及不同的管理层权力和法制环境下会计专业独立董事本地任职对银行贷款成本影响的差异。首先，本章根据理论分析提出三个基本假设；其次，借鉴已有研究文献进行变量设定和模型设计；最后，通过实证方法对假设进行检验。研究结论如下：（1）本地任职的会计专业独立董事比异地任职的会计专业独立董事具有更低的监督成本、更高的监督效率和更强的监督意愿，能够对公司的会计信息实施更好的监督，从而降低公司与银行之间的信息不对称，进而降低银行贷款成本。（2）公司的管理层权力越大，越不利于本地会计专业独立董事信息监督作用的发挥，因而在管理层权力大的公司，会计专业独立董事本地任职对银行贷款成本的影响减弱。（3）法律制度与会计专业独立董事本地任职在信息治理上存在替代效应，法制环境的提高减弱了会计专业独立董事本地任职对银行贷款成本的影响。（4）路径检验发现，企业信息披露质量在会计专业独立董事本地任职影响银行贷款成本的过程中发挥了部分中介作用。（5）进一步区分产权性质对会计专业独立董事本地任职与银行贷款成本的关系进行检验发现，相比于国有企业，在非国有企业中，会计专业独立董事本地任职对银行贷款成本的影响更大。（6）进一步以企业创新投入为视角，检验会计专业独立董事本地任职影响银行贷款成本的经济后果，研究发现，会计专业独立董事本地任职通过降低银行贷款成本促进了企业的创新投入。

根据本章的研究结论得出以下的启示：（1）地理距离因素会影响会计专业独立董事的任职效果，临近上市公司的本地会计专业独立董事发挥了更好的信息治理效应，能够更好地保障企业会计信息质量，对于银行来说，应该认识到会计专业独立董事本地任职的作用，并将其作为贷款定价决策的参考，对企业自身来说，应该重视本地会计专业独立董事在信息治理中的作用，合理配置一定的本地会计专业独立董事，以提高企业的会计信息质量。(2) 过大的管理层权力不利于本地会计专业独立董事职能的发挥，企业应该采取相应的措施对过大的管理层权力进行约束。(3) 处于法制环境差的地区的公司更应该重视对会计专业独立董事本地任职的信息治理作用，配置一定的本地会计专业独立董事，以借此提高企业的会计信息质量，获得更优惠的银行贷款条件。

第5章 会计专业独立董事本地任职对债券融资成本的影响

本章基于债券市场,主要研究了会计专业独立董事本地任职与债券融资成本的关系以及在不同的内外部环境(管理层权力和法制环境)下会计专业独立董事本地任职对债券融资成本影响的差异。首先,对会计专业独立董事本地任职如何影响债券融资成本以及在不同的内外部环境下会计专业独立董事本地任职对债券融资成本影响的差异进行理论上的分析并在此基础上提出本章的研究假设;其次,以我国上市公司为研究样本,利用相关模型对本章的假设进行实证检验并对实证结果进行相应的分析;最后,对本章的研究情况进行一个整体的概括。

5.1 理论分析与研究假设

5.1.1 会计专业独立董事本地任职与债券融资成本

2007年《公司债券发行试点办法》颁布后,我国债券市场规模不断扩大,根据 Wind 统计数据,截至2016年底,中国一般公司债券发行规模超过 2.5 万亿元,而且融资规模年增长率达

72.19%。中国债券市场的发展使债券融资成为一种越来越重要的企业外部融资方式。如何降低债券融资成本以缓解企业的融资约束越来越受到管理者的重视。从已有文献来看,信息不对称是影响企业债券融资成本的原因之一。首先,会计信息与资产定价紧密相关,信息不对称会导致债券投资者不能对企业价值进行准确的估计和判断,进而影响企业债券融资成本。其次,作为债权人的债券投资者不能享受公司股价上升所带来的收益,却要承担公司到期不能偿还债务的风险。因此,债券投资者更关注企业的违约风险,而信息不对称加大了企业的违约风险,当发债企业的信息不对称程度较大时,债券投资者会向发债企业索取风险溢价,进而提高了发债企业的债券融资成本。Bharath 等(2008)考察了会计信息质量对债券融资成本的影响,研究发现,会计信息质量降低了债券融资成本。朱松(2013)以一系列的变量(是否聘请四大会计师事务所、会计稳健性和盈余波动)衡量会计信息质量,并检验了会计信息质量与债券信用评级和债券融资成本的关系,研究发现会计信息质量与债券融资成本呈负相关关系。这表明,提高企业的会计信息质量,有利于降低企业的债券融资成本。

近些年来,地理距离与微观主体的决策行为越来越受到关注,已有研究从不同的角度探讨了地理距离对微观主体决策的影响。比如,分析师的地理距离会影响其预测的准确度,相较于异地分析师,本地分析师掌握了更多的信息,能够作出更精确的盈余预测(Malloy,2005;Bae 等,2008);机构投资者离上市公司的远近会影响其收益,相较于异地的机构投资者,本地的机构投资者由于能够对企业业绩进行更好的预测从而得到更好的投资收益(Baik 等,2010);企业与金融中心的距离会影响企业的权益资本成本,企业越临近金融中心,越可能获得更低的权益资本成本(Ghoul 等,2013);审计师距离客户的远近也会影响审计师的决策,审计师离客户越近,越容易获得更充分的信息,从而提升审计服务质量(刘文军,2014)。这种地理因素引发的效应也反映到独立董事的履职上,已有文献发现,异地独立董事的监督作用更弱(Knyazeva等,2011;曹春方和林雁,2017),而本地独立董事由于履职成本低、收集信息的优势和维护本地声誉等原因,能够对企业实施更有力的监督(周泽将和刘中燕,2017;周泽将和刘中燕,2016)。会计专业独立董事是具有会计专长的董事会成员,在公司财务报告信息披露方面有专业的判断和理解,承担着信息治理的职能。但是,会计专业独立董事任职地点会使得其治理作用的发挥存在差异。较之异地会计专业独立董事,本地会计专业独立董事能够发挥更好的信息治理作用。首先,由于交通便利,本地会计专业独立董事花更少的时间成本和金钱成本就能参与到公司董事会决策中,更倾向于亲自参加公司的董事会会议和临时事件,可以面对面地与董事和高管交流,从而获得更多的信息用于决策。同时,由于距离近的原因,本地会计专业独立董事可以更方便、更频繁地对上市公司进行实地访谈和调查,获取更多有关决策的信息。其次,本地会计专业独立董事可以利用已经建立起来的本地关系网络拓展信息来源,了解到关于上市公司的一些私有信息,而不仅仅是依赖年报、分析师预测报告和媒体报道等公开信息渠道。再次,会计专业独立董事一般都具有一定的社会声誉,本地会计专业独立董事的不尽责行为暴露后,在当地将会引起较大的反响,对其声誉造成极大的损害。为了维护其本地声誉,本地会计专业独立董事会尽责地监督其所任职上市公司的财务报告披露行为。黄芳和杨七中(2016)研究发现,本地会计专业独立董事起到了更好的信息监督作用,降低了企业的盈余管理行为程度。董红晔(2016)和赵放等(2017)研究发现,本地会计专业独立董事比异地会计专业独立董事起到了更强的监督作用,从而降低了企业的股价崩盘风险。因此，本章认为会计专业独立董事本地任职提高了发债企业的会计信息质量，缓解了债券投资者与发债企业的信息不对称，使得债券投资者能够更好地估计公司价值，降低债务违约风险，从而向发债公司索取更小的风险溢价，因而发债公司的债券融资成本得到降低。据此，提出假设4。

假设4：会计专业独立董事本地任职有助于降低债券融资成本。

5.1.2 会计专业独立董事本地任职、管理层权力与债券融资成本

独立董事是在一定的公司内部环境下履行其职责的。因此，独立董事的履职环境会影响独立董事相关职能的实现（赵德武等，2008）。管理层权力作为公司内部环境的重要构成，可能会影响会计专业独立董事本地任职与债券融资成本的关系。公司高管位于企业组织层级的顶端，在经营决策和战略决策上具有绝对的权力。现代公司的两权分离使得管理层的利益函数偏离股东的利益函数，管理层为了获得个人私利，运用手中权力进行寻租的行为可能会干扰本地会计专业独立董事监督职能的发挥。首先，尽管独立董事是由董事会中的提名委员会进行任命的，但是企业的现实情况却是管理层可能在提名委员会中长期任职，使管理层有能力干预独立董事的任命，从而对本地会计专业独立董事的独立性造成影响。其次，不像企业的内部管理人员，独立董事不参与企业的日常经营活动，致使管理层与独立董事之间存在信息不对称，当管理层权力较大时，管理层可能对独立董事减少信息的提供或者对独立董事隐匿信息，独立董事得不到充分的信息从而不利于其进行监督。因此，当管理层权力较大时，本地会计专业独立董事的监督作用不能得到很好的发挥，不利于企业会计信息质量的提高，

从而不利于企业债券融资成本的降低。据此,提出假设5。

假设5:管理层权力减弱了会计专业独立董事本地任职对债券融资成本的影响。

5.1.3 会计专业独立董事本地任职、法制环境与债券融资成本

公司是在一定的制度环境下进行运营的,法制环境作为一种重要的制度安排,会影响微观企业的融资行为(La Porta 等,1998)。由于我国是一个幅员辽阔的国家,各地区的司法管辖权归属于各地的中级人民法院,因为各地区的法制环境水平存在一定的差异。法制环境的差异可能会对会计专业独立董事本地任职与债券融资成本的关系产生影响。首先,良好的法制环境具有保证债务契约有效执行的作用,相比于法制环境差的地区,在法制环境好的地区,法律的执行程度更高,而且诉讼成本相对更低,这有利于债券投资者利用法律手段保护债务资产的安全,减少未来可能的风险。其次,法律制度对上市公司的信息披露具有监督作用,法律制度的威慑作用使得上市公司因为畏惧惩罚而做好信息披露工作。谢德仁等(2007)指出,在法制环境好的地区信息披露机制相对更完善,企业信息披露更为规范。裘宗舜等(2007)研究发现,良好的法制环境提高了内部人进行掠夺的风险和成本,有利于监督大股东的掏空行为,提高企业的会计信息质量。基于以上两点本章认为,在法制环境好的地区,会计专业独立董事本地任职的信息治理作用的地位相对降低,因而会计专业独立董事本地任职对债券融资成本的影响减小。据此,提出假设6。

假设6:法制环境减弱了会计专业独立董事本地任职对债券融资成本的影响。

5.2 研究设计

5.2.1 样本选择与数据来源

本章选择2007—2016年我国上海证券交易所和深圳证券交易所的A股上市公司为研究样本，根据研究的需要按照以下的标准进行筛选：（1）剔除金融行业的上市公司样本，因为此类行业公司的特殊性；（2）剔除当年被ST和*ST的上市公司样本，因为此类公司的财务数据的异常性；（3）剔除相关财务数据缺失的上市公司样本。经过筛选后，本章最终获得674个公司—年度观测值。为了避免极端值对本章研究的影响，本章对所有连续变量进行了1%以下和99%以上的Winsorize缩尾处理。本章的数据处理和回归分析使用Stata13计量软件完成。

在数据来源方面，债券融资成本的数据系作者手工计算的，会计专业独立董事本地任职的数据系作者手工查阅国泰安数据库（CSMAR）上的独立董事简历整理而得，产权性质数据来源于CCER数据库，法制环境的数据来源于樊纲等编制的《中国市场化指数——各地区市场化相对进程2011年报告》中的"市场中介发育及法制制度"指数，其余数据均来源于国泰安数据库（CSMAR）。

5.2.2 模型设定

为了研究会计专业独立董事本地任职对债券融资成本的影响，本章构建了如下模型（5-1）。

$$CS_{i,t} = \alpha_0 + \alpha_1 GEO_{i,t} + \alpha_2 Roa_{i,t} + \alpha_3 Growth_{i,t} +$$
$$\alpha_4 Size_{i,t} + \alpha_5 LEV_{i,t} + \alpha_6 BondSize_{i,t} +$$
$$\alpha_7 BondRate_{i,t} + \alpha_8 BondTerm_{i,t} +$$
$$\alpha_9 Put_{i,t} + \sum IND + \sum Year + \varepsilon$$

(5-1)

在上述模型（5-1）中，被解释变量为债券融资成本（CS），解释变量为会计专业独立董事本地任职（GEO），使用本地任职的会计专业独立董事数量（GEO_N）和本地会计专业独立董事的存在性（GEO_D）作为替代变量，其余变量为控制变量，根据前人的文献，控制了总资产收益率（ROA）、成长性（Growth）、规模（Size）、债券发行规模（BondSize）、债券评级（BondRate）、债券剩余期限（BondTerm）、债券回售（Put）、行业虚拟变量和年度虚拟变量。若模型（5-1）中的 α_1 显著为负，则说明会计专业独立董事本地任职降低了债券融资成本。

为了研究不同管理层权力下，会计专业独立董事本地任职对债券融资成本影响的差异，本章将样本划分为高管理层权力组和低管理层权力组，并在两组样本中使用模型（5-1）进行回归，若在高管理层权力组中 α_1 不显著，而在低管理层权力组中 α_1 显著为负，则说明管理层权力减弱了会计专业独立董事本地任职对债券融资成本的影响。为了研究不同的法制环境下，会计专业独立董事本地任职对债券融资成本影响的差异，本章将样本分为高法制环境组和低法制环境组，在两组样本中使用模型（5-1）进行回归，若在高法制环境组 α_1 不显著，而在低法制环境组中 α_1 显著为负，则说明法制环境减弱了会计专业独立董事本地任职对债券融资成本的影响。

5.2.3 变量定义

（1）债券融资成本。本章的被解释变量是债券融资成本。借鉴王雄元和高开娟（2017）的研究，使用债券到期收益率与相同剩余期限国债收益率之差衡量债券融资成本（CS）。

（2）会计专业独立董事本地任职。本章的解释变量是会计专业独立董事本地任职，借鉴周泽将和刘中燕（2017）、孙亮和刘春（2014）的研究，使用本地任职的会计专业独立董事数量（GEO_N）和本地会计专业独立董事的存在性（GEO_D）进行度量。

（3）管理层权力。管理层权力是本章的分组变量。国内外关于管理层权力的度量方式没有统一的标准，本章借鉴王化成等（2016）的研究，使用以下三个指标的综合得分来衡量管理层权力（Power）：①两职合一（Dual）。如果董事长与总经理由同一个人兼任，则总经理受到董事会的监督减弱。当董事长与总经理由同一人兼任时取1，否则取0。②股权分散度（Disp）。公司的股权分散度越大，管理层受到的约束越小，管理层权力越大。当第一大股东持股比例与第二到第十大股东持股比例的比值小于1取1，否则取0。③董事会规模（Boardsize）。董事会规模越大越不利于意见的统一，这时董事会对管理层的监督减弱，管理层权力会越大。当董事会人数高于样本均值时取1，否则取0。在实际分组中，本章借鉴傅颀等（2014）的研究，将Power大于等于2的样本划分为高管理层权力组，其余的样本为低管理层权力组。

（4）法制环境。法制环境是本章的分组变量。本章使用樊纲等编制的《中国市场化指数——各地区市场化相对进程2011年报告》中的"市场中介发育及法制制度"指数对法制环境进行度量，由于该指数只到2009年，2010年以后的"市场中介发育及法制制度"指数按照杨兴全和曾春华（2012）的方法计算而得，具体计算方式为用上年的指数加上前三年指数的平均值。在实际分组中，以"市场中介发育及法制制度"的中位数为分界点，将样本分为高法制环境组和低法制环境组。

(5) 控制变量。根据已有的研究，本章设置了以下的控制变量：总资产收益率（ROA），使用净利润除以总资产进行度量；成长性（Growth），使用当年主营业务收入与上一年主营业务收入之差除以当年主营业务收入度量；公司规模（Size），使用总资产取自然对数度量，资产负债率（LEV），使用总负债除以总资产进行度量；债券发行规模（BondSize），使用债券发行面值的自然对数进行度量；债券评级（BondRate），对债券信用等级进行赋值，A + =1，AA - =2，AA =3，AA + =4，AAA =5；债券剩余期限（BondTerm），使用公司债券至到期日剩余时间的自然对数度量，债券回售（Put），当债券具有回售权时取1，否则取0。此外，本章还对行业虚拟变量和年度虚拟变量进行了控制。各变量定义如表5-1所示。

表5-1　　　　　　　　　变量定义

变量名称	变量符号	变量定义
债券融资成本	CS	债券到期收益率减相同剩余期限国债收益率
本地任职的会计专业独立董事数量	GEO_N	公司聘请的本地会计专业独立董事的人数
本地会计专业独立董事的存在性	GEO_D	虚拟变量，当公司至少有一名会计专业独立董事主要工作地点与上市公司注册地一致（同属同一省、自治区和直辖市）时取1，否则取0
管理层权力	Power	积分变量，等于 Dual + Disp + Boardsize，详见变量定义部分
法制环境	LAW	樊纲等编制的《中国市场化指数》中的"市场中介发育及法律制度环境"指数
总资产收益率	ROA	期末净利润/总资产
成长性	Growth	（期末主营业务收入 - 上年末主营业务收入）/上年末主营业务收入
公司规模	Size	期末总资产取自然对数
资产负债率	LEV	期末总负债/总资产

续表

变量名称	变量符号	变量定义
债券发行规模	BondSize	公司债券发行面值的自然对数
债券评级	BondRate	对信用等级赋值，A+=1，AA-=2，AA=3，AA+=4，AAA=5
债券剩余期限	BondTerm	公司债券至到期日剩余时间的自然对数
债券回售	Put	债券具有回售时取1，否则取0
年度虚拟变量	Year	属于当年年度取1，否则取0
行业虚拟变量	IND	属于该行业取1，否则取0

5.3 实证分析

5.3.1 描述性统计

表5-2列示的是主要变量的描述性统计结果。从被解释变量来看，债券融资成本（CS）的平均值为2.733，中位数为2.512，最小值为0.366，最大值为6.998，标准差为1.401，这说明不同公司的债券融资成本存在较大的差异。从解释变量来看，本地任职的会计专业独立董事数量（GEO_N）的平均值为0.919，中位数为1，最小值为0，最大值为3，标准差为0.807，这说明在样本企业中每家公司平均聘用了1位本地会计专业独立董事，但是不同的公司聘用的本地会计专业独立董事数量存在一定的差异；本地会计专业独立董事的存在性（GEO_D）的平均值为0.674，最小值为0，最大值为1，这说明在样本企业中67.4%的公司聘请了至少一位本地会计专业独立董事。从控制变量来看，总资产收益率

(ROA)的平均值为 0.025，中位数为 0.022，标准差为 0.042，说明样本公司整体盈利能力不强；成长性（Growth）的平均值为 0.139，中位数为 0.099，标准差为 0.307，说明样本公司的成长能力参差不齐；公司规模（Size）的平均值为 23.770，中位数为 23.640，标准差为 1.371，说明样本公司总体上规模较大；资产负债率（LEV）的平均值为 0.609，中位数为 0.627，标准差为 0.139，说明样本公司总体负债率较高；债券发行规模（BondSize）的平均值为 2.459，中位数为 2.303，标准差为 0.772，说明样本公司债券发行规模差异较大；债券评级（BondRate）的平均值为 3.723，中位数为 4，标准差为 0.945，说明样本公司的债券评级整体较好；债券剩余期限（BondTerm）的平均值为 1.099，中位数为 1.295，标准差为 0.740，说明各样本公司所发行债券的剩余期限有一定程度的差异；债券回售（Put）的平均值为 0.637，中位数为 1，标准差为 0.481，说明 63.7% 的样本公司发行的债券设置了回售条款。

表 5-2　　　　　　　　描述性统计

变量	样本量	平均值	最小值	中位数	最大值	标准差
CS	674	2.733	0.366	2.512	6.998	1.401
GEO_N	674	0.919	0	1	3	0.807
GEO_D	674	0.674	0	1	1	0.469
ROA	674	0.025	-0.138	0.022	0.135	0.042
Growth	674	0.139	-0.412	0.099	1.585	0.307
Size	674	23.770	21.130	23.640	28.000	1.371
LEV	674	0.609	0.274	0.627	0.846	0.139
BondSize	674	2.459	0.693	2.303	4.700	0.772
BondRate	674	3.723	1	4	5	0.945
BondTerm	674	1.099	-1.623	1.295	2.260	0.740
Put	674	0.637	0	1	1	0.481

5.3.2 相关性分析

表5-3列示的是Pearson相关系数情况。从中可以看出，本地任职的会计专业独立董事数量（GEO_N）与债券融资成本（CS）的相关系数为-0.082，且在5%的水平上显著，本地会计专业独立董事的存在性（GEO_D）与债券融资成本（CS）的相关系数为-0.051，但是不显著，这说明会计专业独立董事本地任职与债券融资成本可能呈负相关关系。从控制变量与债券融资成本的相关系数来看，总资产收益率（ROA）与债券融资成本（CS）的相关系数为-0.359，且在1%的水平上显著；成长性（Growth）与债券融资成本（CS）的相关系数为0.014，但是不显著；公司规模（Size）与债券融资成本（CS）的相关系数为-0.463，且在1%的水平上显著；资产负债率（LEV）与债券融资成本（CS）的相关系数为0.088，且在5%的水平上显著；债券规模（BondSize）与债券融资成本（CS）的相关系数为-0.392，且在1%的水平上显著；债券评级（BondRate）与债券融资成本（CS）的相关系数为-0.649，且在1%的水平上显著；债券期限（BondTerm）与债券融资成本（CS）的相关系数为0.079，且在5%的水平上显著；债券回售（Put）与债券融资成本（CS）的相关系数为0.235，且在1%的水平上显著。相关性分析仅仅能初步验证会计专业独立董事本地任职与债券融资成本的关系，为了得到两者间更精确的关系，还需要进一步进行多元回归分析。除了本地任职的会计专业独立董事数量（GEO_N）与本地会计专业独立董事的存在性（GEO_D）的相关系数较大外，其余变量的相关系数均较小，由于GEO_N和GEO_D不同时放入同一个模型中，因此，本章的模型不存在严重的多重共线性。

表 5-3　主要变量的相关系数

变量	CS	GEO_N	GEO_D	ROA	Growth	Size	LEV	BondSize	BondRate	BondTerm	Put
CS	1										
GEO_N	-0.082**	1									
GEO_D	-0.051	0.792***	1								
ROA	-0.359***	-0.056	-0.028	1							
Growth	0.014	-0.071*	-0.075*	0.286***	1						
Size	-0.463***	0.002	-0.085**	0.077**	0.010	1					
LEV	0.088**	0	-0.086**	-0.404***	-0.009	0.374***	1				
BondSize	-0.392***	0.007	-0.062	0.094**	-0.032	0.791***	0.184***	1			
BondRate	-0.649***	-0.014	-0.057	0.209***	-0.043	0.620***	-0.007	0.543***	1		
BondTerm	0.079**	0.028	-0.001	0.075*	0.055	-0.027	0.043	0.032	0.029	1	
Put	0.235***	-0.030	-0.078**	-0.137***	-0.014	-0.362***	0	-0.255***	-0.460***	0.156***	1

注：***、**、*分别表示在1%、5%和10%的水平上显著。

5.3.3 回归结果分析

为了检验会计专业独立董事本地任职对债券融资成本的影响，本章使用模型（5-1）进行回归，回归结果列示于表 5-4 中。如表 5-4 所示，本地任职的会计专业独立董事数量（GEO_N）与债券融资成本（CS）的回归系数为 -0.152，且在 5% 的水平上显著，本地会计专业独立董事的存在性（GEO_D）与债券融资成本（CS）的回归系数为 -0.279，且在 1% 的水平上显著，这表明相比于异地任职的会计专业独立董事，本地任职的会计专业独立董事具有更低的监督成本、更高的监督效率和更强的监督意愿，能更好地保证公司的会计信息质量，降低公司与债券投资者的信息不对称，从而降低债券融资成本。由此，假设 4 得到证明。从控制变量来看，总资产收益率（ROA）、公司规模（Size）、债券评级（BondRate）和债券回售（Put）与债券融资成本（CS）呈显著负相关关系，债券剩余期限（BondTerm）与债券融资成本呈显著正相关关系，而成长性（Growth）、资产负债率（LEV）和债券发行规模（BondSize）对债券融资成本（CS）不具有显著的影响。

表 5-4   会计专业独立董事本地任职与债券融资成本回归结果

变量	因变量：CS	
	(1)	(2)
GEO_N	-0.152**	
	(-2.317)	
GEO_D		-0.279***
		(-2.617)
ROA	-9.115***	-9.145***
	(-6.291)	(-6.247)

续表

变量	因变量：CS	
	（1）	（2）
Growth	0.200	0.195
	(1.265)	(1.233)
Size	-0.165**	-0.169**
	(-2.344)	(-2.458)
LEV	0.110	0.036
	(0.240)	(0.078)
BondSize	-0.022	-0.020
	(-0.208)	(-0.193)
BondRate	-0.833***	-0.842***
	(-8.888)	(-9.124)
BondTerm	0.190***	0.188***
	(2.983)	(2.925)
Put	-0.322***	-0.344***
	(-3.311)	(-3.570)
_cons	8.980***	9.313***
	(6.582)	(6.864)
IND	Yes	Yes
Year	Yes	Yes
Adj. R^2	0.573	0.574
N	674	674

注：括号内为 White 异方差调整的 t 值，***、**、* 分别表示在 1%、5% 和 10% 的水平上显著。

为了检验管理层权力对会计专业独立董事本地任职与债券融资成本关系的影响，本章将全样本分为低管理层权力和高管理层权力两组，分别运用模型（5-1）进行回归，回归结果列示于表 5-5

第 5 章 会计专业独立董事本地任职对债券融资成本的影响

中。如表 5-5 所示,从(1)列和(3)列可以看出,在管理层权力高的组中,会计专业独立董事本地任职(GEO_N 和 GEO_D)与债券融资成本(CS)的关系不显著;从(2)列和(4)列可以看出,本地任职的会计专业独立董事数量(GEO_N)与债券融资成本(CS)的回归系数为 -0.191,且在 5% 的水平上显著,本地会计专业独立董事的存在性(GEO_D)与债券融资成本(CS)的回归系数为 -0.362,且在 1% 的水平上显著。以上的实证检验结果表明过大的管理层权力会干扰本地会计专业独立董事信息治理作用的发挥,不利于企业会计信息质量的提高,从而不利于企业获得更低的债券融资成本,即管理层权力减弱了会计专业独立董事本地任职与债券融资成本的负相关关系。由此,假设 5 得到证明。

表 5-5   会计专业独立董事本地任职、管理层权力与债券融资成本回归结果

变量	因变量:CS			
	(1)	(2)	(3)	(4)
	高管理层权力	低管理层权力	高管理层权力	低管理层权力
GEO_N	-0.051 (-0.450)	-0.191** (-2.332)		
GEO_D			0.050 (0.214)	-0.362*** (-2.950)
ROA	-9.274*** (-3.613)	-8.679*** (-4.931)	-9.244*** (-3.600)	-8.658*** (-4.928)
Growth	0.322 (1.085)	0.128 (0.673)	0.335 (1.145)	0.116 (0.612)
Size	-0.230 (-1.346)	-0.139* (-1.844)	-0.232 (-1.364)	-0.141* (-1.910)
LEV	-0.206 (-0.206)	0.349 (0.684)	-0.264 (-0.265)	0.258 (0.502)

续表

变量	因变量：CS			
	(1)	(2)	(3)	(4)
	高管理层权力	低管理层权力	高管理层权力	低管理层权力
BondSize	0.208	-0.080	0.186	-0.081
	(0.997)	(-0.670)	(0.880)	(-0.679)
BondRate	-0.923***	-0.831***	-0.910***	-0.844***
	(-4.830)	(-7.782)	(-4.683)	(-8.137)
BondTerm	0.039	0.256***	0.045	0.254***
	(0.351)	(3.479)	(0.413)	(3.444)
put	-0.147	-0.407***	-0.153	-0.442***
	(-0.766)	(-3.546)	(-0.809)	(-3.889)
_cons	10.603***	7.981***	11.819***	8.210***
	(3.261)	(5.587)	(3.638)	(6.052)
IND	Yes	Yes	Yes	Yes
Year	Yes	Yes	Yes	Yes
Adj. R^2	0.628	0.555	0.627	0.558
N	171	503	171	503

注：括号内为White异方差调整的t值，***、**、*分别表示在1%、5%和10%的水平上显著。

为了检验法制环境对会计专业独立董事本地任职对债券融资成本关系的影响，本章将全样本分为高法制环境组和低法制环境组，分别使用模型（5-1）进行回归，回归结果列示于表5-6中。如表5-6所示，从（1）列和（3）列可以看出，在高法制环境组，会计专业独立董事本地任职（GEO_N和GEO_D）与债券融资成本（CS）的回归系数为负，但是不显著。从（2）列和（4）列可以看出，在低法制环境组，本地任职的会计专业独立董事数量（GEO_N）与债券融资成本（CS）的回归系数为-0.253，且在1%的水平上显著,本地会计专业独立董事的存在性(GEO_D)与债券融资成本(CS)的回归系数为 -0.327,且在5%的水平上显著。以上的实证结果表明,法制环境减弱了会计专业独立董事本地任职与债券融资成本的关系。由此,假设6得到证明。

表5-6 会计专业独立董事本地任职、法制环境与债券融资成本回归结果

变量	因变量:CS			
	(1)	(2)	(3)	(4)
	高法制环境	低法制环境	高法制环境	低法制环境
GEO_N	-0.126	-0.253***		
	(-1.299)	(-3.608)		
GEO_D			-0.247	-0.327**
			(-1.540)	(-2.551)
ROA	-8.610***	-7.155***	-8.759***	-6.817***
	(-4.775)	(-3.342)	(-4.751)	(-3.207)
Growth	0.184	0.052	0.192	0.068
	(0.968)	(0.240)	(0.995)	(0.311)
Size	-0.237**	-0.130	-0.243**	-0.127
	(-2.096)	(-1.526)	(-2.187)	(-1.493)
LEV	0.256	-0.191	0.277	-0.480
	(0.370)	(-0.303)	(0.391)	(-0.757)
BondSize	0.101	-0.141	0.106	-0.129
	(0.719)	(-1.109)	(0.768)	(-0.993)
BondRate	-0.829***	-0.807***	-0.843***	-0.810***
	(-6.266)	(-8.872)	(-6.405)	(-8.476)
BondTerm	0.256***	0.112	0.251***	0.109
	(3.017)	(1.221)	(2.922)	(1.161)

续表

变量	因变量：CS			
	(1)	(2)	(3)	(4)
	高法制环境	低法制环境	高法制环境	低法制环境
Put	-0.196	-0.568***	-0.224	-0.569***
	(-1.364)	(-4.827)	(-1.571)	(-4.605)
_cons	13.035***	13.543***	13.301***	13.916***
	(8.918)	(6.423)	(9.054)	(6.546)
IND	Yes	Yes	Yes	Yes
Year	Yes	Yes	Yes	Yes
Adj. R^2	0.664	0.518	0.656	0.519
N	285	389	285	389

注：括号内为 White 异方差调整的 t 值，***、**、* 分别表示在 1%、5% 和 10% 的水平上显著。

5.3.4 稳健性检验

(1) 内生性讨论。前文的研究表明会计专业独立董事本地任职降低了债券融资成本，但是会计专业独立董事本地任职与债券融资成本的这种关系可能会受到内生性问题的影响。首先，会计专业独立董事本地任职与债券融资成本的关系可能同时受到一些不可观测因素的影响，由此产生遗漏变量的内生性问题，导致估计结果有偏。其次，会计专业独立董事本地任职与债券融资成本的关系也可能受到样本自选择的影响，因为企业的一些特质决定了其对本地会计专业独立董事的聘用，而这些特质也会对债券融资成本产生影响，因而产生样本自选的内生性问题。

为了缓解遗漏变量引起的内生性问题，本章同时使用以下三种方法：(1) 滞后一期的回归。借鉴孙亮和刘春 (2014) 的研究，将滞后一期的会计专业独立董事本地任职对债券融资成本进行回归，回归结果如表5-7所示，滞后一期的本地会计专业独立董事数量（LGEO_N）与债券融资成本（CS）的回归系数为-0.141，且在10%的水平上显著，滞后一期的本地会计专业独立董事的存在性（LGEO_D）与债券融资成本（CS）的回归系数为-0.266，且在5%的水平上显著。(2) 工具变量两阶段最小二乘法。借鉴曹春方和林雁（2017），以各省本地会计专业独立董事人数与各省上市公司数量的比值为工具变量，使用两阶段最小二乘法进行回归。第二阶段的回归结果如表5-8所示，(2) 列和 (4) 列是第二阶段的回归结果，从中可以看出，会计专业独立董事本地任职的两个替代性指标（GEO_N和GEO_D）的回归系数均显著为负。(3) PSM（倾向得分匹配法）。借鉴周泽将和刘中燕（2017）、孙亮和刘春（2014），以公司规模（Size）、资产负债率（LEV）、总资产收益率（ROA）、产权性质（State）、企业上市的年限（Age）、第一大股东持股比例（FIRST）、会计专业独立董事平均学历（A_edu）、会计专业独立董事平均年龄（A_age）和女性会计专业独立董事所占比例（R_woman）为标准，同时使用最近邻匹配、半径匹配和核匹配为本地任职的会计专业独立董事样本寻找配对样本。匹配的结果如表5-9所示，不管用哪种匹配方法，匹配后的平均处理效应均显著为负。以上的实证结果表明，在控制可能的遗漏变量的内生性问题后，会计专业独立董事本地任职对债券融资成本仍呈显著的负相关关系。

表5-7 滞后一期会计专业独立董事本地任职与债券融资成本回归结果

变量	因变量：CS	
	(1)	(2)
LGEO_N	-0.141*	
	(-1.815)	

续表

变量	因变量：CS	
	(1)	(2)
LGEO_D		-0.266**
		(-2.124)
ROA	-9.153***	-9.262***
	(-5.536)	(-5.541)
Growth	0.241	0.226
	(1.263)	(1.194)
Size	-0.148*	-0.158*
	(-1.813)	(-1.927)
LEV	-0.173	-0.262
	(-0.314)	(-0.475)
BondSize	-0.043	-0.032
	(-0.343)	(-0.250)
BondRate	-0.833***	-0.831***
	(-8.138)	(-8.165)
BondTerm	0.216***	0.222***
	(3.054)	(3.175)
Put	-0.350***	-0.376***
	(-3.290)	(-3.537)
_cons	11.980***	12.371***
	(7.895)	(8.063)
IND	Yes	Yes
Year	Yes	Yes
Adj. R^2	0.573	0.574
N	550	550

注：括号内为White异方差调整的t值，***、**、*分别表示在1%、5%和10%的水平上显著。

表 5-8　　　　　　　工具变量两阶段最小二乘估计回归结果

变量	（1）Stage1 GEO_N	（2）Stage2 CS	（3）Stage1 GEO_D	（4）Stage2 CS
GEO_N		-1.590* (-1.820)		
GEO_D				-2.656* (-1.870)
ROA	-1.130 (-1.258)	-10.360*** (-5.429)	-0.516 (-1.000)	-9.935*** (-5.663)
Growth	-0.147 (-1.371)	0.018 (0.075)	-0.101 (-1.629)	-0.015 (-0.059)
Size	0.015 (0.320)	-0.159* (-1.830)	-0.015 (-0.556)	-0.222*** (-2.597)
LEV	-0.213 (-0.728)	-0.031 (-0.054)	-0.305* (-1.815)	-0.502 (-0.731)
BondSize	0.010 (0.154)	0.092 (0.734)	0.003 (0.075)	0.083 (0.683)
BondRate	-0.047 (-0.973)	-0.931*** (-9.534)	-0.049* (-1.791)	-0.988*** (-8.855)
BondTerm	0.047 (1.088)	0.320*** (3.480)	0.019 (0.758)	0.296*** (3.530)
Put	-0.096 (-1.283)	-0.552*** (-3.388)	-0.144*** (-3.344)	-0.781*** (-3.164)
IV	0.318** (2.106)		0.190** (2.195)	
_cons	0.982 (1.156)	15.207*** (8.379)	1.620*** (3.323)	17.949*** (6.381)

续表

变量	(1) Stage1 GEO_N	(2) Stage2 CS	(3) Stage1 GEO_D	(4) Stage2 CS
IND	Yes	Yes	Yes	Yes
Year	Yes	Yes	Yes	Yes
Adj. R^2	0.004 8	0.519	0.029 1	0.522
N	674	674	674	674

注：括号内为 White 异方差调整的 t 值，***、**、* 分别表示在 1%、5% 和 10% 的水平上显著。

表 5-9　　　　　　　　　　PSM 检验

匹配方法	CS	
	ATT	T 值
最近邻匹配法	-0.440	-2.850***
半径匹配法	-0.205	-1.800*
核匹配法	-0.268	-2.270**

注：***、**、* 分别表示在 1%、5% 和 10% 的水平上显著。

为了缓解由样本自选择引起的内生性问题，本章使用 Heckman 两阶段法进行回归。其中，在第一阶段将行业中其他公司的平均会计专业独立董事本地任职数据（TONGHANG）作为工具变量，采用 Logit 模型计算出 IMR（逆米尔斯比率）。然后将第一阶段计算出的 IMR 放入模型（5-1）中回归。第二阶段的回归结果如表 5-10 所示，本地的会计专业独立董事数量（GEO_N）与债券融资成本（CS）的回归系数为 -0.149，且在 5% 的水平上显著，本地会计专业独立董事的存在性（GEO_D）的回归系数为 -0.273，且在 5% 的水平上显著。以上的实证结果表明，在控制可能的样本自选择问题后，会计专业独立董事本地任职仍对债券融资成本具有显著的降低作用。

表 5 – 10　　　　　　　　Heckman 两阶段检验

变量	因变量：GEO_D	因变量：CS	
	(1)	(2)	(3)
	Stage1	Stage2	Stage2
GEO_N		-0.149**	
		(-2.222)	
GEO_D			-0.273**
			(-2.522)
ROA	-4.296	-9.574***	-9.698***
	(-1.639)	(-5.820)	(-5.850)
Growth	-0.483*	0.136	0.121
	(-1.679)	(0.693)	(0.620)
Size	-0.040	-0.177**	-0.183***
	(-0.315)	(-2.491)	(-2.634)
LEV	-2.047**	-0.032	-0.143
	(-2.425)	(-0.050)	(-0.228)
BondSize	0.025	-0.020	-0.016
	(0.137)	(-0.191)	(-0.150)
BondRate	-0.296**	-0.856***	-0.870***
	(-2.205)	(-7.738)	(-7.949)
BondTerm	0.127	0.199***	0.199***
	(1.055)	(2.929)	(2.908)
Put	-0.686***	-0.393**	-0.429***
	(-3.197)	(-2.437)	(-2.691)
TONGHANG	0.760**		
	(2.282)		
IMR		0.264	0.318
		(0.671)	(0.813)

续表

变量	因变量：GEO_D	因变量：CS	
	(1)	(2)	(3)
	Stage1	Stage2	Stage2
_cons	5.399**	13.639***	13.997***
	(2.294)	(8.681)	(8.969)
IND	No	Yes	Yes
Year	No	Yes	Yes
Pseudo R^2	0.0401		
Adj. R^2		0.571	0.572
N	650	650	650

注：括号内为 White 异方差调整的 t 值，***、**、* 分别表示在 1%、5% 和 10% 的水平上显著。

(2) 替换变量的回归

为了排除不同度量方式对本章研究的影响，使用本地会计专业独立董事的比例（GEO_R）作为会计专业独立董事本地任职的替代变量重新对本章的假设进行检验，检验结果如表 5-11 所示，从（1）列可以看出，本地会计专业独立董事的比例（GEO_R）与债券融资成本（CS）的回归系数为 -0.304，且在 1% 的水平上显著；从（2）列和（3）列可以看出，在高管理层权力组，本地会计专业独立董事的比例（GEO_R）与债券融资成本（CS）的回归系数为 -0.122，但是不显著，在低管理层权力组，本地会计专业独立董事的比例（GEO_R）与债券融资成本（CS）的回归系数为 -0.380，且在 1% 的水平上显著；从（4）列和（5）列可以看出，在高法制环境组，本地会计专业独立董事的比例（GEO_R）与债券融资成本（CS）的回归系数为 -0.297，但是不显著，在低法制环境组，本地会计专业独立董事的比例（GEO_R）与债券融资成本（CS）的回归系数为 -0.347，且在 5% 的水平上显著。以上的回归结果表明,采用不同的方式度量会计专业独立董事本地任职不影响本章的研究结论。

表 5-11　　　　　　　替换解释变量的回归结果

变量	因变量:CS				
	(1)	(2)	(3)	(4)	(5)
	全样本	高管理层权力	低管理层权力	高法制环境	低法制环境
GEO_R	-0.304***	-0.122	-0.380***	-0.297	-0.347**
	(-2.649)	(-0.501)	(-2.812)	(-1.581)	(-2.564)
ROA	-9.079***	-9.300***	-8.563***	-8.698***	-6.626***
	(-6.313)	(-3.581)	(-5.017)	(-4.777)	(-3.200)
Growth	0.187	0.330	0.098	0.182	0.079
	(1.189)	(1.121)	(0.518)	(0.958)	(0.358)
Size	-0.177**	-0.235	-0.151**	-0.254**	-0.139
	(-2.557)	(-1.389)	(-2.047)	(-2.284)	(-1.612)
LEV	0.050	-0.224	0.288	0.322	-0.485
	(0.108)	(-0.224)	(0.567)	(0.460)	(-0.758)
BondSize	-0.023	0.216	-0.090	0.106	-0.129
	(-0.227)	(1.016)	(-0.748)	(0.770)	(-0.981)
BondRate	-0.848***	-0.936***	-0.850***	-0.854***	-0.810***
	(-9.082)	(-4.818)	(-8.074)	(-6.330)	(-8.533)
BondTerm	0.196***	0.040	0.266***	0.261***	0.111
	(3.043)	(0.364)	(3.609)	(3.040)	(1.158)
Put	-0.347***	-0.159	-0.448***	-0.233	-0.559***
	(-3.564)	(-0.836)	(-3.893)	(-1.618)	(-4.504)
_cons	9.536***	12.046***	8.471***	13.524***	14.249***
	(6.971)	(3.702)	(6.205)	(8.956)	(6.594)
IND	Yes	Yes	Yes	Yes	Yes

续表

变量	因变量：CS				
	(1)	(2)	(3)	(4)	(5)
	全样本	高管理层权力	低管理层权力	高法制环境	低法制环境
Year	Yes	Yes	Yes	Yes	Yes
Adj. R²	0.575	0.628	0.557	0.657	0.520
N	674	171	503	285	389

注：括号内为White异方差调整的t值，***、**、*分别表示在1%、5%和10%的水平上显著。

(3) 控制会计专业独立董事其他背景特征的影响

会计专业独立董事的其他背景特征可能也会影响债券融资成本，对会计专业独立董事的学历（Degree）、年龄（Age）和性别（Sex）等基本特征进行了控制。检验结果如表5-12所示，会计专业独立董事本地任职的两个替代性指标（GEO_N和GEO_D）的回归系数均为负，且在5%的水平上显著。这表明，控制一些会计专业独立董事的其他背景特征后，会计专业独立董事本地任职与债券融资成本仍呈显著的负相关关系。

表5-12　　控制会计专业独立董事其他背景特征的回归

变量	因变量：CS	
	(1)	(2)
GEO_N	-0.151** (-2.307)	
GEO_D		-0.276** (-2.584)
ROA	-9.064*** (-6.183)	-9.103*** (-6.134)

续表

变量	因变量：CS	
	(1)	(2)
Growth	0.193	0.189
	(1.240)	(1.209)
Size	-0.164**	-0.169**
	(-2.409)	(-2.533)
LEV	0.067	-0.003
	(0.149)	(-0.007)
BondSize	-0.004	-0.002
	(-0.041)	(-0.020)
BondRate	-0.835***	-0.843***
	(-9.036)	(-9.233)
BondTerm	0.190***	0.187***
	(2.965)	(2.904)
Put	-0.332***	-0.354***
	(-3.396)	(-3.640)
Degree	-0.087	-0.088
	(-1.413)	(-1.457)
Age	-0.009	-0.008
	(-1.283)	(-1.255)
Sex	-0.140	-0.143
	(-1.091)	(-1.111)
_cons	13.172***	13.539***
	(9.550)	(9.823)
IND	Yes	Yes
Year	Yes	Yes

续表

变量	因变量：CS	
	（1）	（2）
Adj. R²	0.579	0.580
N	674	674

注：括号内为 White 异方差调整的 t 值，***、**、* 分别表示在 1%、5% 和 10% 的水平上显著。

5.3.5 进一步分析

（1）会计专业独立董事本地任职影响债券融资成本的路径检验

上文的理论分析表明，会计专业独立董事本地任职的信息治理作用提升了企业的会计信息质量，从而降低了企业所得的债券融资成本。为了检验这一传导路径，本章借鉴温忠麟等（2004）的研究，依次对以下模型进行回归，任何一个模型不符合相应的条件，则停止检验。首先，对模型（5-1）进行回归，检验解释变量（GEO）对被解释变量（CS）的影响；其次，对模型（5-2）进行回归，检验解释变量（GEO）随中介变量（DQ）的影响；最后，对模型（5-3）进行回归，检验解释变量（GEO）与中介变量（DQ）对解释变量（CS）的影响。当模型（5-1）中的 α_1 显著为负，而模型（5-2）中的 β_1 显著为正，若模型（5-3）中的 λ_2 显著为负，而 λ_1 不显著，则说明信息披露质量在会计专业独立董事本地任职与债券融资成本的关系中发挥了完全中介作用；若模型（5-3）中的 λ_2 显著为负，且 λ_1 显著为负，则说明信息披露质量在会计专业独立董事本地任职与债券融资成本的关系中发挥了部分中介作用。

第5章 会计专业独立董事本地任职对债券融资成本的影响

$$
\begin{aligned}
CS_{i,t} = & \alpha_0 + \alpha_1 GEO_{i,t} + \alpha_2 Roa_{i,t} + \alpha_3 Growth_{i,t} + \\
& \alpha_4 Size_{i,t} + \alpha_5 LEV_{i,t} + \alpha_6 BondSize_{i,t} + \\
& \alpha_7 BondRate_{i,t} + \alpha_8 BondTerm_{i,t} + \\
& \alpha_9 Put_{i,t} + \sum IND + \sum Year + \varepsilon
\end{aligned} \quad (5-1)
$$

$$
\begin{aligned}
DQ_{i,t} = & \beta_0 + \beta_1 GEO_{i,t} + \beta_2 Roa_{i,t} + \beta_3 Size_{i,t} + \\
& \beta_4 LEV_{i,t} + \beta_5 FIRST_{i,t} + \beta_6 State_{i,t} + \\
& \beta_7 Growth_{i,t} + \sum IND + \sum Year + \varepsilon
\end{aligned} \quad (5-2)
$$

$$
\begin{aligned}
CS_{i,t} = & \lambda_0 + \lambda_1 GEO_{i,t} + \lambda_2 DQ_{i,t} + \lambda_3 Roa_{i,t} + \\
& \lambda_4 Growth_{i,t} + \lambda_5 Size_{i,t} + \lambda_6 LEV_{i,t} + \\
& \lambda_7 BondSize_{i,t} + \lambda_8 BondRate_{i,t} + \\
& \lambda_9 BondTerm_{i,t} + \lambda_{10} Put_{i,t} + \\
& \sum IND + \sum Year + \varepsilon
\end{aligned} \quad (5-3)
$$

在以上模型（5-2）中，被解释变量是信息披露质量（DQ），采用深交所的上市公司信息披露考评数据进行度量（若考评结果为"优秀"或"良好"取值为1，否则取值为0），解释变量为会计专业独立董事本地任职（GEO），包括本地任职的会计专业独立董事数量（GEO_N）和本地会计专业独立董事的存在性（GEO_D）两个变量，其余为控制变量，分别为总资产收益率（ROA）、公司规模（Size）、资产负债率（LEV）、第一大股东持股比例（FIRST）、产权性质（State）和公司成长性（Growth）。模型（5-1）各变量的定义已在前文进行了介绍，此处不再赘述。模型（5-3）是在模型（5-1）的基础上加上会计专业独立董事本地任职（GEO）变量而构建的。

实证检验结果如表5-13所示，从（1）列和（4）列可以看出，本地任职的会计专业独立董事数量（GEO_N）与债券融资成本（CS）的回归系数为-0.208，且在1%的水平上显著，本地会计专业独立董事的存在性（GEO_D）与债券融资成本（CS）的回

归系数为 -0.380，且在 1% 的水平上显著，这说明会计专业独立董事本地任职降低了企业债券融资成本。从（2）列和（5）列可以看出，本地任职的会计专业独立董事数量（GEO_N）与信息披露质量（DQ）的回归系数为 0.521，且在 5% 的水平上显著，本地会计专业独立董事的存在性（GEO_D）与信息披露质量（DQ）的回归系数为 0.453，且在 10% 的水平上显著，这说明会计专业独立董事本地任职提升了企业的会计信息质量。从（3）列可以看出，本地任职的会计专业独立董事数量（GEO_N）与债券融资成本（CS）的回归系数为 -0.206，且在 5% 的水平上显著，信息披露质量（DQ）与债券融资成本（CS）的回归系数为 -0.086，且在 10% 的水平上显著。从（6）列可以看出，本地会计专业独立董事的存在性（GEO_D）与债券融资成本（CS）的回归系数为 -0.378，且在 1% 的水平上显著，信息披露质量（DQ）与债券融资成本（CS）的回归系数为 -0.131，且在 10% 的水平上显著。以上的实证结果表明信息披露质量（DQ）在会计专业独立董事本地任职影响债券融资成本的过程中发挥了部分中介作用。

表 5-13　会计专业独立董事本地任职影响债券融资成本的路径检验

变量	（1） CS	（2） DQ	（3） CS	（4） CS	（5） DQ	（6） CS
GEO_N	-0.208*** (-2.601)	0.521** (2.149)	-0.206** (-2.572)			
GEO_D				-0.380*** (-3.005)	0.453* (1.710)	-0.378*** (-3.000)
DQ			-0.086* (-1.712)			-0.131* (-1.722)
ROA	-9.340*** (-5.098)	4.387 (1.035)	-9.198*** (-4.916)	-9.393*** (-5.153)	4.160 (0.975)	-9.175*** (-4.928)

续表

变量	(1) CS	(2) DQ	(3) CS	(4) CS	(5) DQ	(6) CS
Growth	0.200 (1.275)	-1.093*** (-2.841)	0.189 (1.183)	0.164 (1.040)	-1.065*** (-2.808)	0.146 (0.912)
Size	-0.300** (-2.585)	0.290* (1.712)	-0.298** (-2.563)	-0.302*** (-2.628)	0.294* (1.703)	-0.301*** (-2.607)
LEV	1.434** (2.530)	-0.931 (-0.598)	1.438** (2.532)	1.403** (2.488)	-1.081 (-0.699)	1.410** (2.497)
BondSize	-0.030 (-0.209)		-0.028 (-0.193)	-0.055 (-0.385)		-0.052 (-0.358)
BondRate	-0.689*** (-6.698)		-0.689*** (-6.690)	-0.703*** (-6.880)		-0.704*** (-6.875)
BondTerm	0.299*** (3.124)		0.299*** (3.114)	0.294*** (3.100)		0.294*** (3.095)
Put	-0.251* (-1.705)		-0.256* (-1.730)	-0.274* (-1.865)		-0.282* (-1.911)
FIRST		0.995 (0.859)			0.927 (0.806)	
State		-0.940** (-2.538)			-0.875** (-2.384)	
_cons	15.486*** (7.233)	-4.943 (-1.371)	15.438*** (7.186)	15.816*** (7.381)	-4.851 (-1.311)	15.760*** (7.338)
IND	Yes	Yes	Yes	Yes	Yes	Yes
Year	Yes	Yes	Yes	Yes	Yes	Yes
Adj. R^2	0.540		0.539	0.545		0.543
Pseudo R^2		0.077			0.064	
N	249	249	249	249	249	249

注：括号内为 White 异方差调整的 t 值，***、**、* 分别表示在 1%、5% 和 10% 的水平上显著。

(2) 会计专业独立董事本地任职、产权性质与债券融资成本。由于上市公司产权性质的不同,会计专业独立董事本地任职与债券融资成本的关系在国有企业和非国有企业中可能存在异质性。在现阶段,政府在债券市场占据主导地位,政府既是债券市场规则的制定者、债券产品创新的推动者、债券市场的监管者,同时又通过国有企业成为债券市场的参与者。所以,政府成为国有企业发行债券的隐性担保人,一旦国有企业因经营不善等原因导致的债券到期无力偿还的情况,政府很可能为其提供资金或者为其买单。因此,债券投资者对国有企业的会计信息质量更不敏感,此时会计专业独立董事本地任职对债券融资成本的影响减弱。

本章使用模型(5-1)分别在国有企业和非国有企业中进行回归,回归结果列示于表 5-14 中。如表 5-14 所示,在国有企业中,本地任职的会计专业独立董事数量(GEO_N)和本地会计专业独立董事的存在性(GEO_D)与债券融资成本(CS)的关系均不显著,而在非国有企业中,本地任职的会计专业独立董事数量(GEO_N)和本地会计专业独立董事的存在性(GEO_D)与债券融资成本(CS)均呈显著负相关关系。这说明国有产权性质减弱了会计专业独立董事本地任职对债券融资成本的影响。

表 5-14　　　会计专业独立董事本地任职、产权性质与债券融资成本回归结果

变量	因变量:CS			
	(1)	(2)	(3)	(4)
	国有企业	非国有企业	国有企业	非国有企业
GEO_N	-0.070 (-0.913)	-0.246*** (-3.090)		
GEO_D			-0.206 (-1.471)	-0.377*** (-3.020)

续表

变量	因变量：CS			
	(1)	(2)	(3)	(4)
	国有企业	非国有企业	国有企业	非国有企业
ROA	-8.815***	-10.994***	-8.927***	-11.046***
	(-4.176)	(-5.296)	(-4.214)	(-5.446)
Growth	0.348	0.078	0.371*	0.053
	(1.622)	(0.345)	(1.679)	(0.235)
Size	-0.167*	-0.190*	-0.167*	-0.181
	(-1.708)	(-1.656)	(-1.736)	(-1.579)
LEV	0.502	0.368	0.435	0.245
	(0.846)	(0.502)	(0.720)	(0.336)
BondSize	0.120	-0.140	0.126	-0.146
	(0.844)	(-1.008)	(0.902)	(-1.052)
BondRate	-0.787***	-0.761***	-0.805***	-0.777***
	(-5.165)	(-6.904)	(-5.275)	(-7.167)
BondTerm	0.082	0.286**	0.078	0.281**
	(0.994)	(2.600)	(0.962)	(2.571)
Put	-0.227	-0.332**	-0.239*	-0.343**
	(-1.644)	(-2.072)	(-1.760)	(-2.185)
_cons	8.097***	11.316***	8.331***	11.429***
	(4.505)	(4.838)	(4.766)	(4.878)
IND	Yes	Yes	Yes	Yes
Year	Yes	Yes	Yes	Yes
Adj. R^2	0.546	0.553	0.549	0.554
N	351	323	351	323

注：括号内为White异方差调整的t值，***、**、*分别表示在1%、5%和10%的水平上显著。

(3) 会计专业独立董事本地任职影响债券融资成本的经济后果：基于企业创新投入的视角。创新对于小到一个微观企业，大到一个国家均有重要的意义。只有掌握了技术上的主动权，一国的经济才能保持领先地位，企业创新是推动国家经济发展的关键因素（Ciftci and Cready，2011；唐未兵等，2014）。创新对于微观企业来说，同样具有不可替代的作用，创新成为企业保持竞争优势和实现业绩不断增长的重要利器。因此，创新活动是全社会各界所关注的重点问题。2006年国务院提出了创新型国家战略，将我国对企业创新的关注推向了一个高峰，此后，我国企业研发投入量逐年增加。但是，相比于一些发达国家，我国企业的研发投入量依然稍显不足（钟凯等，2017）。因此，有必要对企业创新的影响因素进行研究。

外部融资对企业创新具有重要的影响。Chiao（2002）和David等（2008）研究发现外部负债融资促进了企业的研发投入。夏冠军和陆根尧（2012）发现股权融资提升了高新技术上市公司的研发投入。但是，在资本市场中，由于信息不对称问题的存在，企业的创新活动往往面临着融资约束。由于企业的创新项目具有一定的保密性，企业不会轻易披露与研发项目有关的信息，这也直接导致了具有研发创新的公司与外界的信息不对称，投资者难以根据公开的信息评价企业的价值，为了规避风险，投资者往往会提高风险溢价的索取，导致企业的研发项目受到融资约束的影响。由于以上的几点原因，本地会计专业独立董事能够发挥更好的信息治理作用，降低企业与债券投资者的信息不对称，从而获得更低的债券融资成本，有利于缓解企业的融资约束，进而促进企业的创新投入。

会计专业独立董事是具备会计专长的一类独立董事，在保证公司会计信息质量上具有重要的作用。但是地理因素对影响会计专业独立董事的这种作用，相比于异地会计专业独立董事，本地

第5章 会计专业独立董事本地任职对债券融资成本的影响

会计专业独立董事能够更加方便、更加频繁地参与上市公司的会议,同时也能更多地对上市公司进行实地访问,获得与决策有关的私人信息,此外,出于维护本地声誉的动机,本地会计专业独立董事也会更加尽责地履行其职责。通过以上的分析,本章认为会计专业独立董事本地任职通过影响债券融资成本进而对企业创新投入产生影响。

为了考察会计专业独立董事本地任职对债券融资成本的影响是否会反映到企业的创新投入上,本章使用2007—2016年我国发行公司债券的上市公司的数据,借鉴温忠麟等(2004)提出的中介效应检验方法,综合使用以下模型进行检验。首先,通过对模型(5-4)进行回归,检验会计专业独立董事本地任职对企业创新投入的影响;其次,通过对模型(5-1)进行回归,检验会计专业独立董事本地任职对债券融资成本的影响,最后,通过对模型(5-5)进行回归,检验会计专业独立董事本地任职和债券融资成本对企业创新的影响。当模型(5-4)中的α_1显著为正且模型(5-1)中的β_1显著为负时,如果模型(5-5)中的λ_2显著为负,而λ_1不显著,则说明在会计专业独立董事本地任职与企业创新投入的关系中,债券融资成本扮演了完全中介作用,即会计专业独立董事本地任职对企业创新投入的影响完全是通过债券融资成本实现的;如果模型(5-5)中的λ_2显著为负且λ_1显著为正,则说明在会计专业独立董事本地任职与企业创新投入的关系中,债券融资成本扮演了部分中介作用,即会计专业独立董事可以通过债券融资成本的中介作用促进企业创新投入。

$$\begin{aligned} RD_{i,t} = & \alpha_0 + \alpha_1 GEO_{i,t} + \alpha_2 FIRST_{i,t} + \alpha_3 Size_{i,t} + \\ & \alpha_4 LEV_{i,t} + \alpha_5 Growth_{i,t} + \alpha_6 Roa_{i,t} + \\ & \alpha_7 CFO_{i,t} + \alpha_8 PPE_{i,t} + \alpha_9 Age_{i,t} + \\ & \alpha_{10} State_{i,t} + \sum IND + \sum Year + \varepsilon \end{aligned} \quad (5-4)$$

$$CS_{i,t} = \beta_0 + \beta_1 GEO_{i,t} + \beta_2 Roa_{i,t} + \beta_3 Growth_{i,t} +$$
$$\beta_4 Size_{i,t} + \beta_5 LEV_{i,t} + \beta_6 BondSize_{i,t} +$$
$$\beta_7 BondRate_{i,t} + \beta_8 BondTerm_{i,t} + \quad (5-1)$$
$$\beta_9 Put_{i,t} + \sum IND + \sum Year + \varepsilon$$

$$RD_{i,t} = \lambda_0 + \lambda_1 GEO_{i,t} + \lambda_2 CS_{i,t} + \lambda_3 FIRST_{i,t} +$$
$$\lambda_4 Size_{i,t} + \lambda_5 LEV_{i,t} + \lambda_6 Growth_{i,t} +$$
$$\lambda_7 Roa_{i,t} + \lambda_8 CFO_{i,t} + \lambda_9 PPE_{i,t} + \quad (5-5)$$
$$\lambda_{10} Age_{i,t} + \lambda_{11} State_{i,t} + \sum IND +$$
$$\sum Year + \varepsilon$$

在上述模型（5-4）中，被解释变量是企业创新投入（RD），借鉴潘越等（2015）的研究，使用当年企业研发投入除以营业收入对企业创新投入进行度量；解释变量是会计专业独立董事本地任职（GEO），包括本地任职的会计专业独立董事数量（GEO_N）和本地会计专业独立董事的存在性（GEO_D）；在控制变量方面，根据已有文献对第一大股东持股比例（FIRST）、公司规模（Size）、资产负债率（LEV）、成长性（Growth）、总资产收益率（ROA）、经营活动现金流量净额（CFO）、资产有型性（PPE）、企业上市年限（Age）、产权性质（State）以及行业和年度虚拟变量进行了控制。模型（5-1）的各变量的定义详见表5-1，此处不再赘述。模型（5-5）是在模型（5-4）的基础上加上债券融资成本（CS）变量构建而得。

实证检验结果如表5-15所示，从（1）列和（4）列可以看出，本地任职的会计专业独立董事数量（GEO_N）与企业创新投入（RD）的回归系数为0.002，且在5%的水平上显著，本地会计专业独立董事的存在性（GEO_D）与企业创新投入（RD）的回归系数为0.007，且在1%的水平上显著，这说明会计专业独立董事本地任职与企业创新投入呈显著的正相关关系。从（2）列和（5）列可以看出，本地会计专业独立董事的存在性（GEO_D）与债券融资成本（CS）的回归系数为-0.123，且在5%的水平上显著，本地会计专业独立董事的存在性（GEO_D）与债券融资成本（CS）的回归系数为-0.293，且在1%的水平上显著，这说明会计专业独立董事本地任职起到了较好的信息治理作用，提升了企业的会计信息质量，从而降低了企业的债券融资成本。从（3）列可以看出，本地会计专业独立董事的存在性（GEO_D）与企业创新投入（RD）的回归系数为0.002，且在5%的水平上显著，债券融资成本（CS）与企业创新投入（RD）的回归系数为负，但是不显著；从（6）列可以看出，本地会计专业独立董事的存在性（GEO_D）与企业创新投入（RD）的回归系数为0.007，且在1%的水平上显著，债券融资成本（CS）与企业创新投入（RD）的回归系数为负，但是不显著。以上的实证结果表明债券融资成本未在会计专业独立董事本地任职与企业创新投入的关系中发挥中介作用，即会计专业独立董事本地任职没有通过债券融资成本这一中介变量影响企业创新投入。产生这种情况的原因可能跟当前我国上市公司的债券融资规模较小有关。

表5-15　会计专业独立董事本地任职影响债券融资成本的经济后果

变量	（1）RD	（2）CS	（3）RD	（4）RD	（5）CS	（6）RD
GEO_N	0.002** (2.191)	-0.123** (-2.165)	0.002** (2.217)			
GEO_D				0.007*** (3.543)	-0.293*** (-3.126)	0.007*** (3.540)
CS			-0.001 (-0.731)			-0.001 (-0.644)

续表

变量	(1) RD	(2) CS	(3) RD	(4) RD	(5) CS	(6) RD
FIRST	-0.015** (-2.363)		-0.014** (-2.284)	-0.015** (-2.440)		-0.015** (-2.370)
Size	-0.003* (-1.821)	-0.156** (-2.276)	-0.002* (-1.960)	-0.002* (-1.739)	-0.156** (-2.291)	-0.002* (-1.848)
LEV	-0.017** (-2.224)	0.603 (1.463)	-0.016** (-2.039)	-0.015* (-1.919)	0.504 (1.225)	-0.0139* (-1.757)
Growth	-0.005* (-1.661)	0.406*** (2.757)	-0.004 (-1.519)	-0.004 (-1.558)	0.388*** (2.646)	-0.004 (-1.433)
ROA	0.021 (0.834)	-11.196*** (-8.639)	0.013 (0.484)	0.027 (1.089)	-11.416*** (-8.853)	0.020 (0.752)
CFO	-0.011 (-0.649)		-0.011 (-0.648)	-0.013 (-0.741)		-0.013 (-0.737)
PPE	-0.010* (-1.660)		-0.010* (-1.653)	-0.011* (-1.823)		-0.011* (-1.816)
Age	-0.000*** (-2.680)		-0.001*** (-2.740)	-0.000** (-2.470)		-0.000** (-2.524)
state	-0.003 (-1.568)		-0.004* (-1.683)	-0.003 (-1.648)		-0.004* (-1.742)
BondSize		0.016 (0.163)			0.008 (0.080)	
BondRate		-0.879*** (-12.436)			-0.888*** (-12.625)	
BondTerm		0.240*** (3.354)			0.237*** (3.331)	

续表

变量	(1) RD	(2) CS	(3) RD	(4) RD	(5) CS	(6) RD
Put		-0.401*** (-3.485)			-0.424*** (-3.692)	
_cons	0.076*** (2.926)	9.946*** (6.084)	0.084*** (2.984)	0.068*** (2.639)	10.287*** (6.300)	0.075*** (2.685)
IND	Yes	Yes	Yes	Yes	Yes	Yes
Year	Yes	Yes	Yes	Yes	Yes	Yes
Adj. R^2	0.343	0.563	0.342	0.354	0.568	0.353
N	474	474	474	474	474	474

注：括号内为 White 异方差调整的 t 值，***、**、* 分别表示在 1%、5% 和 10% 的水平上显著。

5.4 本章小结

本章立足于本地会计专业独立董事的信息治理功能在债券市场上的反应，以及不同的内外部环境下本地会计专业独立董事的信息治理功能在债券市场上反应的差异，以 2007—2016 年我国上海证券交易所和深圳证券交易所上市的 A 股非金融类上市公司为研究样本，检验会计专业独立董事本地任职对债券融资成本的影响以及不同的管理层权力和法制环境下会计专业独立董事本地任职对债券融资成本影响的差异。首先，本章根据理论分析提出三个基本假设，然后借鉴已有研究文献进行变量设定和模型设计，最后通过实证方法对假设进行检验。研究结论如下：（1）本地任职的会计专业独立董事比异地任职的会计专业独立董事具有更低的监督成本和更高的监督效率，能够对公司的会计信息实施更好的监督，从而降低公司与银行之间的信息不对称，进而降低债券融资成本。(2) 公司的管理层权力越大，越不利于本地会计专业独立董事信息监督作用的发挥，因而在管理层权力大的公司，会计专业独立董事本地任职对债券融资成本的影响减弱。(3) 法制环境与会计专业独立董事本地任职在信息治理方面存在替代作用，法制环境的提升减弱了会计专业独立董事本地任职对债券融资成本的影响。(4) 路径检验发现，信息披露在会计专业独立董事本地任职影响债券融资成本的过程中发挥了部分中介作用。(5) 进一步将会计专业独立董事本地任职与债券融资成本的关系置于不同的产权性质下进行考察，研究发现，相比于国有企业，在非国有企业中，会计专业独立董事本地任职对债券融资成本的降低作用更显著。(6) 进一步以企业创新投入为视角，检验会计专业独立董事本地任职影响债券融资成本的经济后果，研究发现，会计专业独立董事本地任职未通过降低债券融资成本而促进企业创新投入。

　　根据本章的研究结论得到以下的启示：(1) 会计专业独立董事的履职效果会受到地理距离因素的影响，相比于异地的会计专业独立董事，本地的会计专业独立董事能够发挥更好的信息治理作用，从而改善企业的会计信息质量。对于债券投资者来说，应该关注会计专业独立董事本地任职在信息治理上的作用，并针对会计专业独立董事本地任职的信息作出合理的决策，对于企业自身来说，应该重视会计专业独立董事本地任职对会计信息的影响，配备一定的本地会计专业独立董事，以改善企业的会计信息质量。(2) 会计专业独立董事的履行效果会受到管理层权力的影响，当企业的管理层权力较大时，会计专业独立董事的信息治理功能会受到干扰，从而不利于企业会计信息质量的提高。

因此，企业应该对过高的管理层权力进行治理，以减少其负面作用。(3) 处于制度环境较差地区的上市公司更应该重视会计专业独立董事本地任职的信息治理作用，借助本地会计专业独立董事改善企业的会计信息质量，以便获得更低的债券融资成本。

第6章 会计专业独立董事本地任职对权益资本成本的影响

本章基于股票市场,主要研究了会计专业独立董事本地任职与权益资本成本的关系以及在不同的内外部环境(管理层权力和法制环境)下会计专业独立董事本地任职对权益资本成本影响的差异。首先,对会计专业独立董事本地任职如何影响权益资本成本以及在不同的内外部环境下会计专业独立董事本地任职对权益资本成本影响的差异进行理论上的分析并在此基础上形成本章的研究假设;其次,以我国上市公司的为研究对象,利用相关模型对本章的研究假设进行实证检验并对实证检验结果进行相应的分析;最后,对本章的研究情况做一个整体的概括。

6.1 理论分析与研究假设

6.1.1 会计专业独立董事本地任职与权益资本成本

上市公司的生存和发展离不开资金的支持,企业光靠内部积累的资金是不够的,企业还需要大量地从外部渠道融得资金。黄少安和张岗(2001)、陆正飞和叶康涛(2004)发现我国上市公司外部融资并不符合西方的融资优序理论，而是表现出一定的股权融资偏好。因此，如何获得更低的权益资本成本对企业发展具有重要的意义。由于股票投资者与企业存在信息不对称，企业的管理层作为拥有信息优势的一方，可能会作出有损于作为信息劣势一方的股票投资者的利益的行为，因此股票投资者会要求信息质量差的筹资企业提供更高的风险补偿。良好的信息质量能够使得股票投资者更好地对资产进行定价，同时提高股票的交易量和流动性，从而股票投资者会降低风险溢价的索取，进而降低权益资本成本。国内外的相关研究表明，会计信息质量的提高降低了权益资本成本。Francis 等（2004）用 7 个指标（包括应计质量、盈余持续性、稳健性、择时性、盈余平滑度、盈余可预测性和会计盈余价值相关性）度量盈余质量，并探讨了盈余质量对权益资本成本的影响，研究发现，不管用哪个指标度量盈余质量，盈余质量均与权益资本成本呈负相关关系。Bhattacharya 等（2003）一项基于国家数据的研究发现高的盈余质量降低了企业的权益资本成本。支晓强和何天芮（2010）使用构建的自愿信息披露指数作为信息披露质量的替代变量，发现信息披露质量越高，企业的权益资本成本越低。王亮亮（2013）研究发现真实盈余管理程度与权益资本成本呈显著正相关关系。张圣利（2012）研究发现会计稳健性越高，企业的权益资本成本越低。由此可见会计信息质量的提高有利于降低股票投资者与筹资企业的信息不对称，从而降低筹资企业的权益资本成本。

近年来，地理距离与微观主体决策的研究呈现增长的趋势。已有研究基于不同的角度对地理距离与微观主体决策的关系展开研究。研究发现，分析师预测准确度受到分析师地理距离的影响，由于掌握了更多高质量的信息，本地分析师能比异地分析师作出更为准确的盈余预测（Malloy，2005；Bae 等，2008）；机构投资者的收益会受到其地理距离的影响,由于能够对企业的业绩进行更好的预测,地理位置临近上市公司的机构投资者比地理位置远离上市公司的机构投资者能够获取更高的收益(Baik 等,2010);企业的权益资本成本会受到企业与金融中心之间距离的影响,离金融中心近的企业比离金融中心远的企业获得了更低的权益资本成本(Ghoul 等,2013);审计师的服务质量也会受到审计师与客户之间地理距离的影响,距离客户近的审计师比距离客户远的审计师提供了更高的审计服务质量(刘文军,2014)。独立董事也会因为与上市公司地理位置的远近而在其职能发挥上存在异质性。已有研究发现,异地独立董事的监督作用更弱(Knyazeva 等,2011;曹春方和林雁,2017),而本地独立董事由于履职成本更低、具有信息优势和维护本地声誉等原因,会表现出更强的监督作用(周泽将和刘中燕,2017;周泽将和刘中燕,2016)。作为在财务报告信息披露方面具有专业理解和判断的会计专业独立董事承担着监督和保障企业会计信息质量的职责,但是离上市公司地理距离的远近使得会计专业独立董事信息治理作用在不同公司间存在差异。首先,由于地理距离近的原因,本地会计专业独立董事要参与到公司董事会决策仅需要付出较小的时间成本和货币成本,因此,本地会计专业独立董事亲自参加公司董事会会议和临时事件并与董事和高管进行当面交流的概率更高,从而获得更精确和质量更好的信息。而且,由于交通成本更低,本地会计专业独立董事可以更方便地、更多地走访上市公司,补充决策所需要的信息。其次,本地会计专业独立董事在本地建立起来"亲戚""朋友""校友"和"老乡"等各种关系网络,获取上市公司信息的渠道增加,可以通过这些渠道获取一些公开渠道(年报、分析师报告和媒体等)无法获得的私人信息,提高其监督效率。再次,本地会计专业独立董事在当地形成了一定的社会声誉,倘若本地会计专业独立董事没有尽到监督之责，一旦其行为被曝光，本地会计专业独立董事的声誉将遭受极大的损害。为了使其声誉不受损伤，本地会计专业独立董事会更好地实行监督之职。黄芳和杨七中（2016）研究发现，本地会计专业独立董事抑制了企业的盈余管理行为，提高了企业的信息透明度。董红晔（2016）和赵放等（2017）研究发现，本地会计专业独立董事比异地会计专业独立董事表现出了更强的监督作用，从而降低了企业的股价崩盘风险。综上所述，本章认为本地会计专业独立董事比异地会计专业独立董事起到了更好的信息治理效果，能更好地缓解股票投资者与企业之间的信息不对称，增强股票的流动性，从而降低权益资本成本。据此，提出假设7。

假设7：会计专业独立董事本地任职有助于降低企业的权益资本成本。

6.1.2 会计专业独立董事本地任职、管理层权力与权益资本成本

内部环境与独立董事的履职效果具有紧密的关联（赵德武等，2008），管理层权力作为公司内部环境的重要构成部分，可能对会计专业独立董事本地任职与权益资本成本的关系产生影响。在科层制的组织结构中，高管处于顶端的位置，对企业的经营和战略决策具有重要的影响力。由于股东和管理层的利益函数不尽一致，为了谋取私利，管理层可能进行权力寻租，进而影响本地会计专业独立董事的监督效果，最终影响企业的会计信息质量。一方面，企业的高管可能在董事会中的提名委员会任职，这使得高管可以参与到独立董事任命中，从而削弱了本地会计专业独立董事的独立性。另一方面，独立董事作为外部董事，不像内部管理人员一样，能参与到企业的日常经营决策，对企业的信息掌握情况也不

如内部管理人员，这意味着独立董事与企业管理层之间存在信息不对称。当企业的管理层权力较大时，管理层提供给独立董事的信息减少，甚至隐瞒相关信息，由于得不到充分的信息，不利于独立董事的监督。因此，过大的管理层权力会干扰本地会计专业独立董事信息治理职能的发挥，阻碍会计信息质量的提高，从而不利于权益资本成本的降低。这意味着管理层权力对会计专业独立董事本地任职与权益资本成本的关系起到了负向调节作用。据此，提出假设8。

假设8：管理层权力减弱了会计专业独立董事本地任职与权益资本成本的关系。

6.1.3 会计专业独立董事本地任职、法制环境与权益资本成本

任何一个公司的经营都离不开当前的制度环境，制度环境不可避免地影响着企业的经营活动。根据"法与金融"理论的基本观点，法制制度作为一项重要的制度安排，对微观企业的融资行为有着重要的影响（La Porta 等，1998）。我国是一个幅员辽阔的国家，各地上市公司的司法管辖权由各地的中级人民法院所有，因而不同地区的法律制度在相同的大环境下呈现出很大的差异（廖义刚等，2010）。法制环境的差异可能会影响会计专业独立董事本地任职与权益资本成本的关系。裘宗舜等（2007）发现，完善的法律制度使得内部人的掠夺风险和掠夺成本提高，从而抑制了大股东的资金侵占行为，进一步抑制了公司的盈余管理。谢德仁等（2007）研究指出，法律实施较好的地区对投资者的保护更强，而且在法制环境好的地区信息披露机制更为完善，有助于约束企业的盈余管理行为。由此可以推断在法制环境好的地区，上市公司信息披露水平整体更高，因而在法制环境好的地区，会计

专业独立董事本地任职对企业信息治理的作用减弱，从而使得会计专业独立董事本地任职对权益资本成本的影响减小。据此，提出假设9。

假设9：法制环境减弱了会计专业独立董事本地任职与权益资本成本的关系。

6.2 研究设计

6.2.1 样本选择与数据来源

本章选择2007—2016年我国上海证券交易所和深圳证券交易所的A股上市公司为研究样本，根据研究的需要按照以下的标准进行筛选：（1）剔除金融行业的上市公司样本，因为此类行业公司的特殊性；（2）剔除当年被ST和*ST的上市公司样本，因为此类公司的财务数据的异常性；（3）剔除相关财务数据缺失的上市公司样本。经过筛选后，本章最终获得5 299个公司—年度观测值。为了避免极端值对本章研究的影响，本章对所有连续变量进行了1%以下和99%以上的Winsorize缩尾处理。本章的数据处理和回归分析使用Stata13计量软件完成。

在数据来源方面，会计专业独立董事本地任职的数据系作者手工查阅国泰安数据库（CSMAR）上的独立董事简历整理而得，法制环境的数据来源于樊纲等编制的《中国市场化指数——各地区市场化相对进程2011年报告》中的"市场中介发育及法制制度"指数，其余数据均来源于国泰安数据库（CSMAR）。

6.2.2 模型设定

为了研究会计专业独立董事本地任职对权益资本成本的影响，本章构建了如下的模型（6-1）。

$$COC_{i,t} = \alpha_0 + \alpha_1 GEO_{i,t} + \alpha_2 Turnover_{i,t} + \alpha_3 Beta_{i,t} +$$
$$\alpha_4 Roa_{i,t} + \alpha_5 Growth_{i,t} + \alpha_6 Size_{i,t} + \alpha_7 LEV_{i,t} +$$
$$\sum IND + \sum Year + \varepsilon \quad (6-1)$$

在上述模型（6-1）中，被解释变量是权益资本成本（COC），解释变量是（GEO），使用本地任职的会计专业独立董事数量（GEO_N）和本地会计专业独立董事的存在性（GEO_D）为替代变量，其余变量为控制变量，根据前人的研究，对股票年换手率（Turnover）、贝塔系数（Beta）、总资产收益率（ROA）、成长性（Growth）、公司规模（Size）、资产负债率（LEV）和年度虚拟变量以及行业虚拟变量进行了控制。若模型（6-1）中的 α_1 显著为负，则说明会计专业独立董事本地任职降低了权益资本成本。

为了研究不同管理层权力下会计专业独立董事本地任职对权益资本成本影响的差异，本章将总体样本分为高管理层权力组和低管理层权力组，并在两组样本中对模型（6-1）进行回归，若在高管理层权力组 α_1 不显著，而在低管理层权力组 α_1 显著为负，则说明管理层权力减弱了会计专业独立董事本地任职对权益资本成本的影响。为了研究不同法制环境下会计专业独立董事本地任职对权益资本成本的影响的差异，本章将样本分为高法制环境组和低法制环境组，并在两组样本内使用模型（6-1）进行回归，若在高法制环境组中 α_1 不显著，而在低法制环境组中 α_1 显著为负，则说明法制环境减弱了会计专业独立董事本地任职对权益资本成本的影响。

6.2.3 变量定义

(1) 权益资本成本。本章的被解释变量是权益资本成本。目前,学术界对权益资本成本的度量方法主要有资本资产定价模型、法码三因素模型、套利定价模型、股利折现模型、剩余收益折现模型、GLS 模型、OJN 模型、CT 模型、GM 模型和 PEG 模型。由于 PEG 模型在我国资本市场上具有更好的适应性(李超,2011),因此,本章使用 PEG 模型对权益资本成本进行度量。具体的计算公式如下:

$$COC_{i,t} = \sqrt{\frac{FEPS_{i,t+2} - FEPS_{i,t+1}}{P_{i,t}}}$$

其中,$COC_{i,t}$ 为 i 公司第 t 年的权益资本成本,$FEPS_{i,t+2}$ 为 i 公司第 $t+2$ 年的预期每股收益,$FEPS_{i,t+1}$ 为 i 公司第 $t+1$ 期的预测每股收益,$P_{i,t}$ 为 i 公司第 t 年末的股票价格。

此外,在稳健性检验部分,本章使用 OJN 模型对权益资本成本进行度量,计算方式如下:

$$COC1 = A + \sqrt{A^2 + \frac{eps_1}{P_0} \times \left[\frac{eps_2 - eps_1}{eps_1} - (r-1)\right]}$$

$$A = \frac{1}{2}\left(r - 1 + \frac{dps_1}{P_0}\right)$$

其中,$COC1$ 是权益资本成本,eps_1 为预期下一年的每股收益,eps_2 为预测未来第二年的每股收益,P_0 为期末股票价格,dps_1 为预期下一年的每股股利,$r-1$ 为每股收益长期增长率,在实际计算中借鉴沈红波(2007)的做法,采用 5% 替代。

(2) 会计专业独立董事本地任职。本章的解释变量是会计专业独立董事本地任职,借鉴周泽将和刘中燕(2017)、孙亮和刘春

(2014)的研究,使用本地任职的会计专业独立董事数量(GEO_N)和本地会计专业独立董事的存在性(GEO_D)进行度量。

(3)管理层权力。管理层权力是本章的分组变量。国内外关于管理层权力的度量方式没有统一的标准,本章借鉴王化成等(2016)的研究,使用以下三个指标的综合得分来衡量管理层权力(Power):①两职合一(Dual)。如果董事长与总经理由同一个人兼任,则总经理受到董事会的监督减弱。当董事长与总经理由同一人兼任时取1,否则取0。②股权分散度(Disp)。公司的股权分散度越大,管理层受到的约束越小,管理层权力越大。当第一大股东持股比例与第二到第十大股东持股比例的比值小于1取1,否则取0。③董事会规模(Boardsize)。董事会规模越大越不利于意见的统一,这时董事会对管理层的监督减弱,管理层权力越大。当董事会人数高于样本均值时取1,否则取0。在实际分组中,本章借鉴傅颀等(2014)的研究,将Power大于等于2的样本划分为高管理层权力组,其余的样本为低管理层权力组。

(4)法制环境。法制环境是本章的分组变量。本章使用樊纲等编制的《中国市场化指数——各地区市场化相对进程2011年报告》中的"市场中介发育及法制制度"指数对法制环境进行度量,由于该指数只到2009年,2010年以后的"市场中介发育及法制制度"指数按照杨兴全和曾春华(2012)的方法计算而得,具体计算方式为用上年的指数加上前三年指数的平均值。在实际分组中,以"市场中介发育及法制制度"的中位数为分界点,将样本分为高法制环境组和低法制环境组。

(5)控制变量。根据已有文献,本章设置了以下的控制变量:股票年换手率(Turnover),使用年个股交易数除以流通股股数进行度量;贝塔系数(Beta),使用分市场年度Beta值进行度量;总

第 6 章 会计专业独立董事本地任职对权益资本成本的影响

资产收益率（ROA），使用净利润除以总资产进行度量；成长性（Growth），使用当年主营业务收入与上年主营业务收入之差除以当年主营业务收入进行度量；公司规模（Size），使用总资产取自然对数进行度量；资产负债率（LEV），使用总负债除以总资产进行度量。除此之外，按照通常的做法，本章还控制了行业虚拟变量和年度虚拟变量。各变量的定义见表 6-1。

表 6-1　　　　　　　　变量定义

变量名称	变量符号	变量定义
权益资本成本	COC	运用 PEG 模型计算出的 COC
本地任职的会计专业独立董事数量	GEO_N	公司聘请的本地会计专业独立董事的人数
本地会计专业独立董事的存在性	GEO_D	虚拟变量，当公司至少有一名会计专业独立董事主要工作地点与上市公司注册地一致（同属同一省、自治区和直辖市）时取 1，否则取 0
管理层权力	Power	积分变量，等于 Dual + Disp + Boardsize，详见变量定义部分
法制环境	LAW	樊纲等编制的《中国市场化指数》中的"市场中介发育及法律制度环境"指数
股票年换手率	Turnover	年个股交易股数/流通股股数
贝塔系数	Beta	分市场年 Beta 值
总资产收益率	ROA	期末净利润/总资产
成长性	Growth	（期末主营业务收入 - 上年末主营业务收入）/上年末主营业务收入
公司规模	Size	期末总资产取自然对数
资产负债率	LEV	期末总负债/总资产
年度虚拟变量	Year	属于当年年度取 1，否则取 0
行业虚拟变量	IND	属于该行业取 1，否则取 0

6.3 实证分析

6.3.1 描述性统计

表6-2列示的是主要变量的描述性统计情况。从被解释变量来看,权益资本成本(COC)的平均值为0.099,中位数为0.089,最小值为0.023,最大值为0.289,标准差为0.050,说明在不同的企业的权益资本成本存在较大的差异。从解释变量来看,本地任职的会计专业独立董事数量(GEO_N)的平均值为0.929,中位数为1,最小值为0,最大值为4,说明在样本企业中每家公司平均聘用了一位本地会计专业独立董事,但是不同公司聘用的本地会计专业独立董事的人数存在差异;本地会计专业独立董事的存在性(GEO_D)的平均值为0.729,最小值为0,最大值为1,标准差为0.444,说明在样本企业中72.9%的上市公司聘请了至少一位本地会计专业独立董事。从控制变量来看,股票年换手率(Turnover)的平均值为5.647,中位数为4.743,标准差为3.804,说明样本公司的股票换手率较高;贝塔系数(Beta)的平均值为1.116,中位数为1.130,标准差为0.214,说明样本公司面临的市场风险偏高;总资产收益率(ROA)的平均值为0.048,中位数为0.041,标准差为0.054,说明样本公司的盈利能力整体上不强;成长性(Growth)的平均值为0.230,中位数为0.141,标准差为0.476,说明样本公司的成长能力参差不齐;公司规模(Size)的平均值为22.220,中位数为22.050,标准差为1.258,说明样本公司的整体规模较大;资产负债率(LEV)的平均值为0.484,中位

数为 0.491，标准差为 0.195，说明样本公司的整体负债率较高。

表 6-2　　　　　　　　　描述性统计

变量	样本量	平均值	最小值	中位数	最大值	标准差
COC	5 299	0.099	0.023	0.089	0.289	0.050
GEO_N	5 299	0.929	0	1	4	0.733
GEO_D	5 299	0.729	0	1	1	0.444
Turnover	5 299	5.647	0.440	4.743	18.290	3.804
Beta	5 299	1.116	0.530	1.130	1.604	0.214
ROA	5 299	0.048	-0.122	0.041	0.223	0.054
Growth	5 299	0.230	-0.495	0.141	3.273	0.476
Size	5 299	22.220	19.930	22.050	26.210	1.258
LEV	5 299	0.484	0.073 0	0.491	0.880	0.195

6.3.2　相关性分析

表 6-3 列示的是主要变量的 Pearsom 相关系数情况。从中可以看出，本地任职的会计专业独立董事数量（GEO_N）与权益资本成本（COC）的相关系数为 -0.057，且在 1% 的水平上显著，本地会计专业独立董事的存在性（GEO_D）与权益资本成本的相关系数为 -0.071，且在 1% 的水平上显著，这说明会计专业独立董事本地任职可能与权益资本成本呈负相关关系。从控制变量与权益资本成本的相关系数来看，股票年换手率（Turnover）与权益资本成本（COC）的相关系数为 0.136，且在 1% 的水平上显著；贝塔系数（Beta）与权益资本成本（COC）的相关系数为 0.026，且在 10% 的水平上显著；总资产收益率（ROA）与权益资本成本（COC）的相关系数为 -0.165，且在 1% 的水平上显著；成长性（Growth）与权益资本成本（COC）的相关系数为 -0.031，且在 5% 的水平上显著；公司规模（Size）与权益资本成本（COC）的

表 6-3　主要变量的相关系数

变量	COC	GEO_N	GEO_D	Turnover	Beta	ROA	Growth	Size	LEV
COC	1								
GEO_N	-0.057 *	1							
GEO_D	-0.071 ***	0.772 ***	1						
Turnover	-0.136 ***	-0.002	0.031 **	1					
Beta	0.026 *	-0.023 *	-0.024 *	0.238 ***	1				
ROA	-0.165 ***	-0.024 *	0.009	-0.126 ***	-0.188 ***	1			
Growth	-0.031 **	-0.037 ***	-0.039 ***	-0.008	-0.038 ***	0.191 ***	1		
Size	0.164 ***	-0.002	-0.073 ***	-0.390 ***	-0.023 *	-0.085 ***	0.053 ***	1	
LEV	0.243 ***	-0.008	-0.066 ***	-0.075 ***	0.038 ***	-0.416 ***	0.070 ***	0.450 ***	1

注：***、**、* 分别表示在 1%、5% 和 10% 的水平上显著。

相关系数为0.164，且在1%的水平上显著；资产负债率（LEV）与权益资本成本（COC）的相关系数为0.243，且在1%的水平上显著。相关性分析仅仅初步检验了会计专业独立董事本地任职与权益资本成本的关系，为了得到两者之间更精确的关系，还需要进一步进行多元回归分析。除了GEO_N与GEO_D的相关系数较大外，其余各变量的相关系数均较小，由于GEO_N与GEO_D不同时放入同一个模型中，因此，本章的模型不存在严重的多重共线性。

6.3.3 回归结果分析

为了检验会计专业独立董事本地任职对权益资本成本的影响，本章使用模型（6-1）进行回归，回归结果列示于表6-4中。如表6-4所示，本地任职的会计专业独立董事（GEO_N）与权益资本成本（COC）的回归系数为-0.003，且在1%的水平上显著，本地会计专业独立董事的存在性（GEO_D）与权益资本成本（COC）的回归系数为-0.004，且在1%的水平上显著，这表明相比于异地任职的会计专业独立董事，本地任职的会计专业独立董事具有较低的监督成本、较高的监督效率和较强的监督意愿，能够更好地保证公司会计信息质量，从而降低公司与股权市场投资者之间的信息不对称，进而降低权益资本成本。由此，假设7得到证明。从控制变量上来看，总资产收益率（ROA）与权益资本成本（COC）呈显著负相关关系，公司规模（Size）和资产负债率（LEV）与权益资本成本（COC）呈显著正相关关系，而股票年换手率（Turnover）、贝塔系数（Beta）与成长性（Growth）对权益资本成本（COC）不具有显著的影响。

表6-4　　会计专业独立董事本地任职与权益资本成本回归结果

变量	因变量：COC	
	(1)	(2)
GEO_N	-0.003***	
	(-3.633)	
GEO_D		-0.004***
		(-2.961)
Turnover	-0.000	-0.000
	(-0.812)	(-0.766)
Beta	0.001	0.001
	(0.217)	(0.185)
ROA	-0.094***	-0.094***
	(-6.758)	(-6.717)
Growth	-0.002	-0.002
	(-1.442)	(-1.446)
Size	0.004***	0.004***
	(5.762)	(5.649)
LEV	0.040***	0.040***
	(8.860)	(8.812)
_cons	-0.030*	-0.028
	(-1.775)	(-1.623)
IND	Yes	Yes
Year	Yes	Yes
Adj. R^2	0.186	0.186
N	5 299	5 299

注：括号内为White异方差调整的t值，***、**、*分别表示在1%、5%和10%的水平上显著。

为了检验不同管理层权力下会计专业独立董事本地任职对权益资本成本影响的差异，本章使用模型（6-1）分别在高管理层权力组和低管理层权力组进行回归，回归结果列示于表6-5中，当解释变量为本地任职的会计专业独立董事数量（GEO_N）时，在高管理层权力组中，本地任职的会计专业独立董事数量（GEO_N）与权益资本成本（COC）的回归系数为负，但是不显著，在低管理层权力组中，本地任职的会计专业独立董事数量（GEO_N）与权益资本成本（COC）的回归系数为 -0.003，且在1%的水平上显著；当解释变量为本地会计专业独立董事的存在性（GEO_D）时，在高管理层权力组中，本地会计专业独立董事的存在性（GEO_D）与权益资本成本（COC）的回归系数为负，但是不显著，在低管理层权力组中，本地会计专业独立董事的存在性（GEO_D）与权益资本成本（COC）的回归系数为 -0.005，且在5%的水平上显著。以上的实证结果表明，会计专业独立董事本地任职的信息治理功能受制于管理层权力，当公司的管理层权力较大时，本地会计专业独立董事对会计信息质量保证作用减弱，从而会计专业独立董事本地任职对权益资本成本的降低作用减弱。由此，假设8得到证明。

表6-5　会计专业独立董事本地任职、管理层权力与权益资本成本回归结果

变量	因变量：COC			
	(1)	(2)	(3)	(4)
	高管理层权力	低管理层权力	高管理层权力	低管理层权力
GEO_N	-0.002	-0.003***		
	(-1.025)	(-3.396)		
CEO_D			-0.003	-0.005**
			(-1.294)	(-2.524)
Turnover	-0.000	-0.000	-0.000	-0.000
	(-0.270)	(-0.755)	(-0.260)	(-0.709)
Beta	-0.004	0.002	-0.004	0.002
	(-0.589)	(0.493)	(-0.597)	(0.470)

续表

变量	因变量：COC			
	(1)	(2)	(3)	(4)
	高管理层权力	低管理层权力	高管理层权力	低管理层权力
ROA	-0.087***	-0.096***	-0.087***	-0.096***
	(-3.748)	(-5.512)	(-3.738)	(-5.474)
Growth	0.000	-0.003	0.000	-0.003
	(0.041)	(-1.459)	(0.057)	(-1.472)
Size	0.002	0.005***	0.002	0.005***
	(1.556)	(5.589)	(1.502)	(5.503)
LEV	0.043***	0.039***	0.043***	0.039***
	(4.905)	(7.240)	(4.897)	(7.210)
_cons	0.017	-0.044**	0.020	-0.042**
	(0.509)	(-2.228)	(0.588)	(-2.111)
IND	Yes	Yes	Yes	Yes
Year	Yes	Yes	Yes	Yes
Adj. R^2	0.173	0.187	0.173	0.186
N	1 502	3 797	1 502	3 797

注：括号内为White异方差调整的t值，***、**、*分别表示在1%、5%和10%的水平上显著。

为了检验不同的法制环境下会计专业独立董事本地任职对权益资本成本影响的差异，本章使用模型（6-1）分别在高法制环境组和低法制环境组中进行回归，回归结果列示于表6-6中。如表6-6所示，当解释变量为本地任职的会计专业独立董事数量（GEO_N）时，在高法制环境组中，本地任职的会计专业独立董事数量（GEO_N）与权益资本成本（COC）的回归系数为-0.001，但是不显著，在低法制环境组中，本地任职的会计专业独立董事数量（GEO_N）与权益资本成本（COC）的回归系数为-0.004，且在1%的水平上显著。当解释变量为本地会计专业独立董事的存在性（GEO_D）时，在高法制环境组中，本地会计专业独立董事的存在性（GEO_D）与权益资本成本（COC）的回归系数为-0.004，但是不显著，在低法制环境组中，本地会计专业独立董事的存在性（GEO_D）与权益资本成本（COC）的回归系数为-0.004，且在5%的水平上显著。以上的实证结果表明，良好的法制环境能够对会计专业独立董事本地任职的信息治理作用起到替代效应，从而减弱了会计专业独立董事本地任职与权益资本成本之间的关系。由此，假设9得到证明。

表6-6　会计专业独立董事本地任职、法制环境与权益资本成本回归结果

变量	因变量：COC			
	（1）	（2）	（3）	（4）
	高法制环境	低法制环境	高法制环境	低法制环境
GEO_N	-0.001	-0.004***		
	(-0.524)	(-3.716)		
GEO_D			-0.004	-0.004**
			(-1.471)	(-1.965)
Turnover	0.000	-0.001***	0.000	-0.001**
	(1.523)	(-2.585)	(1.573)	(-2.556)
Beta	0.010**	-0.005	0.010**	-0.005
	(2.120)	(-1.158)	(2.088)	(-1.154)
ROA	-0.091***	-0.099***	-0.091***	-0.099***
	(-4.200)	(-5.317)	(-4.230)	(-5.306)
Growth	-0.005**	-0.001	-0.005**	-0.001
	(-2.180)	(-0.642)	(-2.153)	(-0.628)
Size	0.005***	0.005***	0.005***	0.005***
	(4.364)	(4.435)	(4.289)	(4.384)
LEV	0.033***	0.043***	0.033***	0.042***
	(4.975)	(6.833)	(4.904)	(6.726)

续表

变量	因变量：COC			
	(1)	(2)	(3)	(4)
	高法制环境	低法制环境	高法制环境	低法制环境
_cons	-0.065** (-2.499)	-0.024 (-1.009)	-0.060** (-2.317)	-0.024 (-0.991)
IND	Yes	Yes	Yes	Yes
Year	Yes	Yes	Yes	Yes
Adj. R^2	0.208	0.177	0.209	0.175
N	2 282	3 017	2 282	3 017

注：括号内为 White 异方差调整的 t 值，***、**、* 分别表示在 1%、5% 和 10% 的水平上显著。

6.3.4 稳健性检验

（1）内生性讨论。前文的研究表明会计专业独立董事本地任职降低了权益资本成本，但是会计专业独立董事本地任职与权益资本成本的关系可能受到内生性问题的影响。首先，会计专业独立董事本地任职与权益资本成本可能会同时受到一些不可观测的因素的影响，由此产生遗漏变量引起的内生性问题，导致估计结果有偏。其次，会计专业独立董事本地任职与权益资本成本的关系还可能受到样本自选择问题的影响，因为公司在选择是否聘用本地会计专业独立董事会受到一些公司特质的影响，而这些特质也会影响权益资本成本，从而产生样本自选择内生性问题。

为了缓解遗漏变量引起的内生性问题，本章使用以下三种方法：（1）滞后一期的回归。借鉴孙亮和刘春（2014）的研究，将滞后一期的会计专业独立董事本地任职对权益资本成本进行回归，回归结果如表 6-7 所示，滞后一期的本地会计专业独立董事数量

(LGEO_N)与权益资本成本（COC）的回归系数为-0.003，且在5%的水平上显著，滞后一期的本地会计专业独立董事的存在性（LGEO_D）与权益资本成本（COC）的回归系数为-0.004，且在5%的水平上显著。(2)工具变量两阶段最小二乘估计法。借鉴曹春方和林雁（2017），以各省本地会计专业独立董事人数与各省上市公司数量的比值为工具变量（IV），使用两阶段最小二乘法进行估计。实证检验结果如表6-8所示，(2)列和(4)列是第二阶段的回归结果，从中可以看出，会计专业独立董事本地任职的两个替代性指标（GEO_N和GEO_D）的回归系数均显著为负。(3)PSM（倾向得分匹配法）。借鉴周泽将和刘中燕（2017）、孙亮和刘春（2014），以公司规模（Size）、资产负债率（LEV）、总资产收益率（ROA）、产权性质（State）、企业上市的年限（Age）、第一大股东持股比例（FIRST）、会计专业独立董事平均学历（A_edu）、会计专业独立董事平均年龄（A_age）和女性会计专业独立董事所占比例（R_woman）为标准，同时使用最近邻匹配、半径匹配和核匹配为本地任职的会计专业独立董事样本寻找配对样本。匹配的结果如表6-9所示，不管使用哪种方法进行匹配，匹配后的平均处理效应均显著为负。以上的实证结果表明，在控制可能的遗漏变量内生性问题后，会计专业独立董事本地任职仍能显著降低权益资本成本。

表6-7 滞后一期会计专业独立董事本地任职与权益资本成本回归结果

变量	因变量：COC	
	(1)	(2)
LGEO_N	-0.003** (-2.508)	
LGEO_D		-0.004** (-2.487)

续表

变量	因变量：COC	
	(1)	(2)
Turnover	-0.000	-0.000
	(-0.554)	(-0.562)
Beta	0.004	0.004
	(0.996)	(0.994)
ROA	-0.075***	-0.074***
	(-4.612)	(-4.535)
Growth	-0.002	-0.002
	(-1.484)	(-1.507)
Size	0.004***	0.004***
	(4.999)	(4.863)
LEV	0.044***	0.044***
	(8.380)	(8.360)
_cons	-0.044**	-0.041**
	(-2.250)	(-2.073)
IND	Yes	Yes
Year	Yes	Yes
Adj. R^2	0.187	0.187
N	4 012	4 012

注：括号内为 White 异方差调整的 t 值，***、**、* 分别表示在1%、5%和10%的水平上显著。

表6-8　工具变量两阶段最小二乘估计回归结果

变量	(1)	(2)	(3)	(4)
	Stage1	Stage2	Stage1	Stage2
	GEO_N	COC	GEO_D	COC
GEO_N		-0.013*		
		(-1.700)		

续表

变量	(1) Stage1 GEO_N	(2) Stage2 COC	(3) Stage1 GEO_D	(4) Stage2 COC
GEO_D				-0.023*
				(-1.700)
Turnover	0.001	-0.000	0.003	-0.000
	(0.377)	(-0.829)	(1.551)	(-0.559)
Beta	0.002	0.000	-0.024	-0.001
	(0.042)	(0.004)	(-0.704)	(-0.161)
ROA	-0.241	-0.101***	-0.015	-0.099***
	(-1.130)	(-6.618)	(-0.112)	(-6.500)
Growth	-0.028	-0.003*	-0.022	-0.003**
	(-1.286)	(-1.907)	(-1.529)	(-1.988)
Size	0.008	0.004***	-0.013*	0.004***
	(0.686)	(5.349)	(-1.856)	(4.806)
LEV	-0.016	0.043***	-0.060	0.042***
	(-0.243)	(8.812)	(-1.433)	(8.378)
IV	0.400***		0.223***	
	(8.788)		(8.338)	
_cons	0.691***	-0.019	1.101***	-0.002
	(2.661)	(-0.989)	(7.068)	(-0.087)
IND	Yes	Yes	Yes	Yes
Year	Yes	Yes	Yes	Yes
Adj. R^2	0.041	0.159	0.043	0.151
N	5 299	5 299	5 299	5 299

注：括号内为 White 异方差调整的 t 值，***、**、* 分别表示在1%、5%和10%的水平上显著。

表 6-9　　　　　　　　　　PSM 检验

匹配方法	COC	
	ATT	T 值
最近邻匹配法	-0.005	-2.080**
半径匹配法	-0.008	-4.960***
核匹配法	-0.006	-3.340***

注："***"、"**"、"*"分别表示在 1%、5% 和 10% 的水平上显著。

为了缓解样本自选择问题引起的内生性，本章使用 Heckman 两阶段法进行回归。其中，在第一阶段将行业中其他公司的平均会计专业独立董事本地任职数据（TONGHANG）作为工具变量，采用 Logit 模型计算出 IMR（逆米尔斯比率）。然后将第一阶段计算出的 IMR 放入模型（6-1）中回归。第二阶段的回归结果如表 6-10 所示，本地任职的会计专业独立董事数量（GEO_N）与权益资本成本（COC）的回归系数为 -0.003，且在 1% 的水平上显著，本地会计专业独立董事的存在性（GEO_D）权益资本成本（COC）的回归系数为 -0.004，且在 1% 的水平上显著。以上的回归结果表明，在控制可能的样本自选择问题后，会计专业独立董事本地任职对权益资本成本仍有显著的降低作用。

表 6-10　　　　　　　Heckman 两阶段检验

变量	因变量：GEO_D	因变量：COC	
	(1)	(2)	(3)
	Stage1	Stage2	Stage2
GEO_N		-0.003*** (-3.596)	
GEO_D			-0.004*** (-2.904)
Turnover	0.009 (0.938)	-0.000 (-0.498)	-0.000 (-0.445)

续表

变量	因变量：GEO_D	因变量：COC	
	(1)	(2)	(3)
	Stage1	Stage2	Stage2
Beta	-0.320**	-0.003	-0.003
	(-2.095)	(-0.613)	(-0.656)
ROA	-0.345	-0.097***	-0.097***
	(-0.502)	(-6.868)	(-6.831)
Growth	-0.143**	-0.004*	-0.004*
	(-2.238)	(-1.859)	(-1.882)
Size	-0.085***	0.003***	0.003***
	(-2.848)	(2.975)	(2.874)
LEV	-0.515**	0.035***	0.035***
	(-2.546)	(5.498)	(5.447)
TONGHANG	0.285**		
	(2.099)		
IMR		0.029	0.029
		(1.188)	(1.215)
_cons	3.403***	-0.010	-0.007
	(5.079)	(-0.425)	(-0.300)
IND	No	Yes	Yes
Year	No	Yes	Yes
Pseudo R^2	0.008 5		
Adj. R^2		0.186	0.185
N	5 282	5 282	5 282

注：括号内为 White 异方差调整的 t 值，***、**、* 分别表示在 1%、5% 和 10% 的水平上显著。

(2) 替换变量的回归。在解释变量方面，改用本地任职的会计专业独立董事比例（GEO_R）作为会计专业独立董事本地任职的替代变量重新对本章的假设进行检验。检验结果如表 6-11 所示，从中可以看出，本地任职的会计专业独立董事比例（GEO_R）与权益资本成本（COC）的回归系数为 -0.004，且在1%的水平上显著；在高管理层权力组中，本地任职的会计专业独立董事比例（GEO_R）与权益资本成本（COC）的回归系数为 -0.004，但是不显著，在低管理层权力组中，本地任职的会计专业独立董事比例（GEO_R）与权益资本成本（COC）的回归系数为 -0.004，且在5%的水平上显著；在高法制环境组中，本地任职的会计专业独立董事比例（GEO_R）与权益资本成本（COC）的回归系数为 -0.004，但是不显著，在低法制环境组中，本地任职的会计专业独立董事比例（GEO_R）与权益资本成本（COC）的回归系数为 -0.003，且在10%的水平上显著。这些实证结果表明解释变量度量方式的改变不影响本章的研究结论。

表 6-11　　　　　　替换解释变量的回归结果

变量	因变量：COC				
	(1)	(2)	(3)	(4)	(5)
	全样本	高管理层权力	低管理层权力	高法制环境	低法制环境
GEO_R	-0.004***	-0.004	-0.004**	-0.004	-0.003*
	(-2.943)	(-1.566)	(-2.304)	(-1.595)	(-1.662)
Turnover	-0.000	-0.000	-0.000	0.000	-0.001**
	(-0.763)	(-0.269)	(-0.705)	(1.517)	(-2.561)
Beta	0.001	-0.003	0.002	0.010**	-0.005
	(0.218)	(-0.576)	(0.496)	(1.976)	(-1.091)
ROA	-0.093***	-0.087***	-0.095***	-0.091***	-0.099***
	(-6.687)	(-3.732)	(-5.444)	(-4.022)	(-5.224)
Growth	-0.002	0.000	-0.003	-0.005**	-0.001
	(-1.454)	(0.022)	(-1.458)	(-2.241)	(-0.676)
Size	0.004***	0.002	0.005***	0.005***	0.005***
	(5.599)	(1.494)	(5.461)	(3.708)	(4.611)

续表

变量	因变量：COC				
	(1)	(2)	(3)	(4)	(5)
	全样本	高管理层权力	低管理层权力	高法制环境	低法制环境
LEV	0.040***	0.042***	0.039***	0.033***	0.042***
	(8.800)	(4.885)	(7.206)	(4.490)	(6.887)
_cons	-0.027	0.021	-0.042**	-0.059**	-0.024
	(-1.599)	(0.600)	(-2.098)	(-2.015)	(-1.066)
IND	Yes	Yes	Yes	Yes	Yes
Year	Yes	Yes	Yes	Yes	Yes
Adj. R^2	0.186	0.174	0.186	0.209	0.174
N	5 299	1 502	3 797	2 282	3 017

注：括号内为 White 异方差调整的 t 值，***、**、* 分别表示在 1%、5% 和 10% 的水平上显著。

在被解释方面，参考沈红波（2007）的研究，采用 OJN 模型的计算结果作为权益资本成本（COC1）的替代变量，并对本章的假设重新进行检验。检验结果列示于表 6-12 中，从 Panel A 来看，本地任职的会计专业独立董事数量（GEO_N）与权益资本成本（COC1）的回归系数为 -0.003，且在 1% 的水平上显著，本地会计专业独立董事的存在性（GEO_D）与权益资本成本（COC1）的回归系数为 -0.004，且在 1% 的水平上显著；从 Panel B 来看，在高管理层权力组中，会计专业独立董事本地任职（GEO_N 和 GEO_D）与权益资本成本（COC1）的回归系数为负，但是不显著，在低管理层权力组中，本地任职的会计专业独立董事数量（GEO_N）与权益资本成本（COC1）的回归系数为 -0.004，且在 1% 的水平上显著，本地会计专业独立董事的存在性（GEO_D）与权益资本成本（COC1）的回归系数为 -0.005，且在 5% 的水平上显著；从 Panel C 来看，在高法制环境组中，会计专业独立董事本地任职（GEO_N 和 GEO_D）与权益资本成本（COC1）的回归系数虽然为负,但是不显著,在低法制环境组中,本地任职的会计专业独立董事数量(GEO_N)与权益资本成本(COC1)的回归系数为-0.005,且在1%的水平上显著,本地会计专业独立董事的存在性(GEO_D)与权益资本成本(COC1)的回归系数为-0.004,且在10%的水平上显著。这些结果表明被解释变量度量方式的改变不影响本章的研究结论。

表6-12　　　　　替换被解释变量的回归结果

变量	Panel A:会计专业独立董事本地任职与权益资本成本	
	因变量:COC1	
	(1)	(2)
GEO_N	-0.003***	
	(-3.405)	
GEO_D		-0.004***
		(-2.720)
Turnover	-0.000	-0.000
	(-0.983)	(-0.940)
Beta	-0.003	-0.003
	(-0.713)	(-0.743)
ROA	-0.112***	-0.112***
	(-7.583)	(-7.544)
Growth	-0.003*	-0.003*
	(-1.825)	(-1.829)
Size	0.004***	0.004***
	(5.085)	(4.979)
LEV	0.035***	0.035***
	(7.311)	(7.271)
_cons	0.008	0.010
	(0.419)	(0.551)
IND	Yes	Yes
Year	Yes	Yes
Adj. R^2	0.154	0.153
N	5 299	5 299

续表

Panel B：会计专业独立董事本地任职、管理层权力与权益资本成本

变量	因变量：COC1			
	(1)	(2)	(3)	(4)
	高管理层权力	低管理层权力	高管理层权力	低管理层权力
GEO_N	-0.001	-0.004***		
	(-0.603)	(-3.427)		
GEO_D			-0.003	-0.005**
			(-0.919)	(-2.496)
Turnover	-0.000	-0.000	-0.000	-0.000
	(-0.317)	(-0.931)	(-0.309)	(-0.886)
Beta	-0.007	-0.001	-0.007	-0.001
	(-1.099)	(-0.282)	(-1.106)	(-0.303)
ROA	-0.109***	-0.113***	-0.109***	-0.112***
	(-4.432)	(-6.057)	(-4.428)	(-6.019)
Growth	-0.001	-0.003*	-0.000	-0.003*
	(-0.203)	(-1.761)	(-0.190)	(-1.773)
Size	0.002	0.004***	0.002	0.004***
	(1.515)	(4.808)	(1.475)	(4.721)
LEV	0.036***	0.034***	0.036***	0.034***
	(4.031)	(5.920)	(4.027)	(5.896)
_cons	0.047	-0.003	0.049	-0.001
	(1.304)	(-0.153)	(1.358)	(-0.044)
IND	Yes	Yes	Yes	Yes
Year	Yes	Yes	Yes	Yes
Adj. R^2	0.140	0.155	0.140	0.153
N	1 502	3 797	1 502	3 797

Panel C：会计专业独立董事本地任职、法制环境与权益资本成本

变量	因变量：COC1			
	(1)	(2)	(3)	(4)
	高法制环境	低法制环境	高法制环境	低法制环境
GEO_N	-0.000	-0.005***		
	(-0.226)	(-3.664)		

续表

变量	因变量：COC1			
	（1）	（2）	（3）	（4）
	高法制环境	低法制环境	高法制环境	低法制环境
GEO_D			-0.004 (-1.418)	-0.004* (-1.770)
Turnover	0.000 (1.368)	-0.001*** (-2.692)	0.000 (1.420)	-0.001*** (-2.666)
Beta	0.008 (1.496)	-0.010* (-1.946)	0.008 (1.467)	-0.009* (-1.938)
ROA	-0.112*** (-4.901)	-0.114*** (-5.798)	-0.114*** (-4.946)	-0.114*** (-5.788)
Growth	-0.005** (-2.293)	-0.002 (-0.957)	-0.005** (-2.267)	-0.002 (-0.936)
Size	0.004*** (3.894)	0.004*** (3.805)	0.004*** (3.826)	0.004*** (3.762)
LEV	0.029*** (4.062)	0.038*** (5.737)	0.028*** (3.980)	0.037*** (5.624)
_cons	-0.032 (-1.161)	0.018 (0.725)	-0.027 (-0.969)	0.018 (0.724)
IND	Yes	Yes	Yes	Yes
Year	Yes	Yes	Yes	Yes
Adj. R^2	0.169	0.147	0.170	0.144
N	2 282	3 017	2 282	3 017

注：括号内为 White 异方差调整的 t 值，***、**、* 分别表示在 1%、5% 和 10% 的水平上显著。

（3）控制会计专业独立董事其他背景特征的影响。会计专业独立董事的其他背景特征可能也会影响权益资本成本，对会计专业独立董事的学历（Degree）、年龄（Age）和性别（Sex）等基本特征进行控制。检验结果如表 6-13 所示，会计专业独立董事本地任职的两个替代变量（GEO_N 和 GEO_D）的回归系数分别为 -0.003 和 -0.004，且在 1% 的水平上显著，这表明，控制会计专业独立董事的其他背景特征后，会计专业独立董事本地任职仍对权益资本成本具有显著的影响。

表 6-13　控制会计专业独立董事其他背景特征的回归

变量	因变量：COC	
	(1)	(2)
GEO_N	-0.003***	
	(-3.560)	
GEO_D		-0.004***
		(-2.963)
Turnover	-0.000	-0.000
	(-0.921)	(-0.879)
Beta	0.001	0.000
	(0.160)	(0.121)
ROA	-0.094***	-0.093***
	(-6.710)	(-6.666)
Growth	-0.002	-0.002
	(-1.561)	(-1.571)
Size	0.005***	0.004***
	(6.123)	(6.029)
LEV	0.040***	0.039***
	(8.754)	(8.703)
Degree	-0.002**	-0.002**
	(-2.043)	(-2.172)
Age	-0.000**	-0.000**
	(-2.353)	(-2.377)
Sex	-0.000	0.000
	(-0.055)	(0.031)
_cons	-0.021	-0.018
	(-1.191)	(-1.026)
IND	Yes	Yes
Year	Yes	Yes
Adj. R^2	0.187	0.186
N	5 299	5 299

注：括号内为 White 异方差调整的 t 值，***、**、* 分别表示在 1%、5% 和 10% 的水平上显著。

6.3.5 进一步分析

(1) 会计专业独立董事本地任职影响权益资本成本的路径分析。从前文的分析可以看出,会计专业独立董事本地任职的信息治理效应提升了企业的会计信息质量,从而降低了企业的权益资本成本。为了检验这一影响路径,本章借鉴温忠麟等(2004)的研究方法,对以下的模型进行依次回归。首先,使用模型(6-1)做解释变量会计专业独立董事本地任职(GEO)对被解释变量权益资本成本(COC)的回归;其次,使用模型(6-2)做解释变量会计专业独立董事本地任职(GEO)对中介变量信息披露质量(DQ)的回归;最后,使用模型(6-3)将解释变量会计专业独立董事本地任职(GEO)和中介变量信息披露质量(DQ)一同对被解释变量权益资本成本(COC)进行回归。当模型(6-1)中的α_1显著为负,且模型(6-2)中的β_1显著为正时,若模型(6-3)中的λ_2显著为负,而λ_1不显著,则说明信息披露质量在会计专业独立董事本地任职影响权益资本成本的过程中发挥了完全中介作用,若模型(6-3)中的λ_2显著为负,且λ_1显著为负,则说明信息披露质量在会计专业独立董事本地任职影响权益资本成本的过程中发挥了部分中介作用。

$$COC_{i,t} = \alpha_0 + \alpha_1 GEO_{i,t} + \alpha_2 Turnover_{i,t} + \alpha_3 Beta_{i,t} +$$
$$\alpha_4 Roa_{i,t} + \alpha_5 Growth_{i,t} + \alpha_6 Size_{i,t} + \alpha_7 LEV_{i,t} +$$
$$\sum IND + \sum Year + \varepsilon \qquad (6-1)$$

$$DQ_{i,t} = \beta_0 + \beta_1 GEO_{i,t} + \beta_2 Roa_{i,t} + \beta_3 Size_{i,t} + \beta_4 LEV_{i,t} +$$
$$\beta_5 FIRST_{i,t} + \beta_6 State_{i,t} + \beta_7 Growth_{i,t} + \sum IND +$$
$$\sum Year + \varepsilon \qquad (6-2)$$

$$COC_{i,t} = \lambda_0 + \lambda_1 GEO_{i,t} + \lambda_2 DQ_{i,t} + \lambda_3 Turnover_{i,t} +$$
$$\lambda_4 Beta_{i,t} + \lambda_5 Roa_{i,t} + \lambda_6 Growth_{i,t} + \lambda_7 Size_{i,t} +$$
$$\lambda_8 LEV_{i,t} + \sum IND + \sum Year + \varepsilon \quad (6-3)$$

在以上模型（6-2）中，被解释变量是信息披露质量（DQ），采用深交所的上市公司信息披露考评数据进行度量（若考评结果为"优秀"或"良好"取值为1，否则取值为0），解释变量为会计专业独立董事本地任职（GEO），包括本地任职的会计专业独立董事数量（GEO_N）和本地会计专业独立董事的存在性（GEO_D）两个变量，其余为控制变量，分别为总资产收益率（ROA）、公司规模（Size）、资产负债率（LEV）、第一大股东持股比例（FIRST）、产权性质（State）和公司成长性（Growth）。模型（6-1）各变量的定义已在前文进行了介绍，此处不再赘述。模型（6-3）是在模型（6-1）的基础上加上会计专业独立董事本地任职（GEO）变量而构建的。

实证结果列示于表6-14中，如表6-14所示，从（1）列和（4）列可以看出，本地任职的会计专业独立董事数量（GEO_N）与权益资本成本（COC）的回归系数为-0.004，且在1%的水平上显著，本地会计专业独立董事的存在性（GEO_D）与权益资本成本（COC）的回归系数为-0.005，且在5%的水平上显著，这说明会计专业独立董事本地任职降低了权益资本成本。从（2）列和（5）列可以看出，本地任职的会计专业独立董事数量（GEO_N）与信息披露质量（DQ）的回归系数为0.156，且在5%的水平上显著，本地会计专业独立董事的存在性（GEO_D）与信息披露质量（DQ）的回归系数为0.409，且在1%的水平上显著，这说明会计专业独立董事本地任职提升了企业会计信息质量。从（3）列来看，本地任职的会计专业独立董事数量（GEO_N）与权益资本成本（COC）的回归系数为-0.003，且在1%的水平上显著，信息披露质量（DQ）与权益资本成本（COC）的回归系数为-0.008，且在5%的水平上显著。从（6）列来看，本地会计专业独立董事的存在性（GEO_D）与信息披露质量（DQ）的回归系数为-0.004，且在5%的水平上显著，信息披露质量（DQ）与权益资本成本（COC）的回归系数为-0.008，且在5%的水平上显著。以上的实证结果表明，会计专业独立董事通过信息披露质量的部分中介作用对权益资本成本产生影响。

表6-14　会计专业董事本地任职影响权益资本成本的路径检验结果

变量	(1) COC	(2) DQ	(3) COC	(4) COC	(5) DQ	(6) COC
GEO_N	-0.004*** (-3.200)	0.156** (2.554)	-0.003*** (-3.153)			
GEO_D				-0.005** (-2.277)	0.409*** (4.346)	-0.004** (-2.177)
DQ			-0.008** (-2.036)			-0.008** (-1.999)
Turnover	-0.000 (-0.940)		-0.000 (-0.934)	-0.000 (-0.929)		-0.000 (-0.925)
Beta	-0.002 (-0.355)		-0.001 (-0.202)	-0.002 (-0.333)		-0.001 (-0.182)
ROA	-0.089*** (-4.591)	-5.024*** (-5.741)	-0.085*** (-4.338)	-0.089*** (-4.553)	-5.091*** (-5.796)	-0.084*** (-4.306)
Growth	-0.003 (-1.439)	-0.186* (-1.747)	-0.003 (-1.437)	-0.003 (-1.412)	-0.185* (-1.729)	-0.003 (-1.409)
Size	0.003*** (2.981)	0.821*** (16.268)	0.004*** (3.089)	0.003*** (2.918)	0.843*** (16.503)	0.003*** (3.031)
LEV	0.044*** (7.254)	-3.181*** (-11.423)	0.044*** (7.192)	0.044*** (7.245)	-3.185*** (-11.393)	0.044*** (7.184)

续表

变量	(1) COC	(2) DQ	(3) COC	(4) COC	(5) DQ	(6) COC
FIRST		-0.203 (-0.694)			-0.213 (-0.725)	
State		-0.961*** (-10.603)			-0.971*** (-10.680)	
_cons	-0.003 (-0.122)	-15.689*** (-15.223)	-0.007 (-0.271)	-0.002 (-0.088)	-16.312*** (-15.523)	-0.006 (-0.244)
IND	Yes	Yes	Yes	Yes	Yes	Yes
Year	Yes	Yes	Yes	Yes	Yes	Yes
Adj. R^2	0.167		0.168	0.166		0.167
Pseudo R^2		0.111			0.115	
N	2 702	2 702	2 702	2 702	2 702	2 702

注：括号内为White异方差调整的t值，***、**、*分别表示在1%、5%和10%的水平上显著。

（2）会计专业独立董事本地任职、产权性质与权益资本成本。由于上市公司产权性质的不同，会计专业独立董事本地任职对权益资本成本的影响在国有企业和非国有企业可能存在差异。由于政府是国有企业的终极控制人，政府往往会给国有企业融资上提供一定的便利条件，从而保证国有企业的发展。国有企业可以借助与政府的这层关系，获得更多的社会资本和更广的融资渠道（Hitt等，2002），保证其正常经营的需要，并降低其经营风险。即便国有企业遇到财务困境，政府也会为其注资，保证其继续经营。国有企业的这种低风险性更能吸引股票市场投资者，从而使国有企业能以更低的成本在资本市场融资。因此，相比于非国有企业，在国有企业中，会计专业独立董事本地任职对权益资本成本的影响更小。

本章使用模型（6-1），分别在国有企业样本和非国有企业样本中进行回归，回归结果列示于表6-15中。如表6-15所示，在国有企业样本中，会计专业独立董事本地任职（GEO_N 和 GEO_D）与权益资本成本（COC）的回归系数为负，但是不显著，在非国有企业样本中，本地任职的会计专业独立董事数量（GEO_N）与权益资本成本（COC）的回归系数为 -0.005，且在1%的水平上显著，本地会计专业独立董事的存在性（GEO_D）与权益资本成本（COC）的回归系数为 -0.006，且在1%的水平上显著。以上实证结果表明，国有产权性质减弱了会计专业独立董事本地任职对权益资本成本的影响。

表6-15 会计专业独立董事本地任职、产权性质与权益资本成本

变量	因变量：COC			
	（1）	（2）	（3）	（4）
	国有企业	非国有企业	国有企业	非国有企业
GEO_N	-0.002 (-1.262)	-0.005 *** (-4.125)		
GEO_D			-0.002 (-1.005)	-0.006 *** (-3.003)
Turnover	-0.000 (-0.211)	-0.000 (-0.973)	-0.000 (-0.183)	-0.000 (-0.972)
Beta	-0.004 (-0.863)	0.006 (1.173)	-0.004 (-0.893)	0.006 (1.189)
ROA	-0.097 *** (-4.753)	-0.090 *** (-4.724)	-0.097 *** (-4.723)	-0.090 *** (-4.761)
Growth	-0.004 ** (-2.121)	0.000 (0.112)	-0.004 ** (-2.128)	0.000 (0.109)
Size	0.005 *** (5.204)	0.003 ** (2.100)	0.005 *** (5.152)	0.003 ** (2.063)

续表

变量	因变量：COC			
	(1)	(2)	(3)	(4)
	国有企业	非国有企业	国有企业	非国有企业
LEV	0.044***	0.038***	0.043***	0.038***
	(7.089)	(5.640)	(7.056)	(5.603)
_cons	-0.051**	0.012	-0.050**	0.014
	(-2.276)	(0.433)	(-2.198)	(0.493)
IND	Yes	Yes	Yes	Yes
Year	Yes	Yes	Yes	Yes
Adj. R^2	0.189	0.183	0.189	0.181
N	2 948	2 351	2 948	2 351

注：括号内为 White 异方差调整的 t 值，***、**、* 分别表示在 1%、5% 和 10% 的水平上显著。

(3) 会计专业独立董事本地任职影响权益资本成本的经济后果：基于企业创新投入的视角。创新活动对于宏观的国家层面和微观的企业层面而言都具有重大的意义，首先从国家层面来看，只有掌握了先进技术的主动权，才能在经济上占据领先的位置，企业创新活动是推动国家经济发展和社会进步的一剂"强心剂"（Ciftci and Cready, 2011；唐未兵等, 2014）。从微观企业来看，创新活动有利于企业持续保持竞争优势以实现持续的业绩增长（Porter, 1992）。因此，创新的作用不言而喻，社会各界对于创新活动也是格外关注。2006 年国务院提出了创新国家战略，把创新的关注提升到战略的高度。此后，企业在创新投入上逐年增加，但是相比于发达国家，我国企业的创新投入还稍显不足（钟凯等, 2017）。可见，研究企业创新投入的影响因素以激励企业进行更多的创新投入仍具有重大的现实和理论价值。

在信息不对称的环境下，企业的创新活动会受到融资约束的影响（解维敏和方红星, 2011；Cornaggia 等, 2015）。由于研发创新本身具有一定的保密性，因此，具有研发创新项目的公司通常信息不对称程度较高，而且研发创新的结果具有不确定性，因此，投资者很难根据公开的信息估计企业的价值，导致投资者通过索取更高的投资报酬率来规避风险，最终导致企业的创新活动面临融资约束问题。

较之异地的会计专业独立董事，由于与上市公司的地理距离更近，本地会计专业独立董事仅需要付出较小的成本（时间成本和金钱成本）就能参与到上市公司的会议中，这意味着本地会计专业独立董事监督成本更低；同时，本地会计专业独立董事能更方便、更频繁地对上市公司进行实地访问，获得上市公司的私有信息，提高其监督效率；此外，本地会计专业独立董事在本地建立起了一定的声誉，为了使其声誉不受损伤，本地会计专业独立董事会更表现得更加尽责。因此，结合以上几点来考虑，本地会计专业独立董事能够起到更好的信息治理效果，从而更大程度地降低企业的信息不对称程度，降低权益资本成本，进而缓解企业的股权融资约束，使企业能拥有更多的资金用于创新投入。基于以上的分析，本章认为会计专业独立董事通过影响权益资本成本进而对企业创新投入产生影响。

为了检验会计专业独立董事对权益资本成本的影响是否会反映到企业的创新投入上，本章以2007—2016年我国沪深两市A股上市公司为研究样本，借鉴温忠麟等（2004）提出的中介效应检验方法，按顺序使用以下模型进行检验。首先，对模型（6-4）进行回归，检验会计专业独立董事本地任职与企业创新投入的关系；其次，对模型（6-1）进行回归，检验会计专业独立董事本地任职对权益资本成本的影响；最后，对模型（6-5）进行回归，检验会计专业独立董事本地任职和权益资本成本对企业创新投入的影响。当模型（6-4）中的 α_1 显著为正，且模型（6-1）中的

第 6 章 会计专业独立董事本地任职对权益资本成本的影响

β_1 显著为负时,若模型 (6-5) 中的 λ_2 显著为负,而 λ_1 不显著,则说明在会计专业独立董事本地任职与企业创新的关系中,权益资本成本扮演了完全中介作用,说明会计专业独立董事本地任职对企业创新投入的影响完全通过权益资本成本实现;若模型 (6-5) 中的 λ_2 显著为负且 λ_1 显著为正,则说明在会计专业独立董事本地任职与企业创新的关系中,权益资本成本扮演了部分中介作用,即会计专业独立董事本地任职可以通过权益资本成本的部分中介作用促进企业创新投入。

$$RD_{i,t} = \alpha_0 + \alpha_1 GEO_{i,t} + \alpha_2 FIRST_{i,t} + \alpha_3 Size_{i,t} + \alpha_4 LEV_{i,t} + \alpha_5 Growth_{i,t} + \alpha_6 Roa_{i,t} + \alpha_7 CFO_{i,t} + \alpha_8 PPE_{i,t} + \alpha_9 Age_{i,t} + \alpha_{10} State_{i,t} + \sum IND + \sum Year + \varepsilon \quad (6-4)$$

$$COC_{i,t} = \beta_0 + \beta_1 GEO_{i,t} + \beta_2 Turnover_{i,t} + \beta_3 Beta_{i,t} + \beta_4 Roa_{i,t} + \beta_5 Growth_{i,t} + \beta_6 Size_{i,t} + \beta_7 LEV_{i,t} + \sum IND + \sum Year + \varepsilon \quad (6-1)$$

$$RD_{i,t} = \lambda_0 + \lambda_1 GEO_{i,t} + \lambda_2 COC_{i,t} + \lambda_3 FIRST_{i,t} + \lambda_4 Size_{i,t} + \lambda_5 LEV_{i,t} + \lambda_6 Growth_{i,t} + \lambda_7 Roa_{i,t} + \lambda_8 CFO_{i,t} + \lambda_9 PPE_{i,t} + \lambda_{10} Age_{i,t} + \lambda_{11} State_{i,t} + \sum IND + \sum Year + \varepsilon \quad (6-5)$$

在上述模型 (6-4) 中,被解释变量是企业创新投入 (RD),借鉴潘越等 (2015) 的研究,使用当年企业研发投入除以营业收入对企业创新投入进行度量;解释变量是会计专业独立董事本地任职 (GEO),包括本地任职的会计专业独立董事数量 (GEO_N) 和本地会计专业独立董事的存在性 (GEO_D);在控制变量方面,根据已有文献对第一大股东持股比例 (FIRST)、公司规模 (Size)、资产负债率 (LEV)、成长性 (Growth)、总资产收益率 (ROA)、经营活动现金流量净额 (CFO)、资产有型性 (PPE)、企业上市年限 (Age)、产权性质 (State) 以及行业和年度虚拟变量进行了控制。模型 (6-1) 的各变量的定义如表 6-1 所示,此处不再赘述。模型（6-5）是在模型（6-1）的基础上加上权益资本成本（COC）变量构建而得。

回归结果列示于表6-16中，从（1）列和（4）列可以看出，本地任职的会计专业独立董事数量（GEO_N）与企业创新投入（RD）的回归系数为0.001，且在5%的水平上显著，本地会计专业独立董事的存在性（GEO_D）与企业创新投入（RD）的回归系数为0.002，且在5%的水平上显著，说明会计专业独立董事本地任职促进了企业创新投入。从（2）列和（5）列可以看出，本地任职的会计专业独立董事数量（GEO_N）与权益资本成本（COC）的回归系数为-0.004，且在1%的水平上显著，本地会计专业独立董事的存在性（GEO_D）与权益资本成本（COC）的回归系数为-0.004，且在5%的水平显著，说明会计专业独立董事本地任职起到了良好的信息治理作用，提高了企业的会计信息质量，从而降低了企业的权益资本成本。从（3）列可以看出，本地任职的会计专业独立董事数量（GEO_N）与企业创新投入（RD）的回归系数为0.000，且在10%的水平上显著，权益资本成本（COC）与企业创新投入（RD）的回归系数为-0.030，且在1%的水平上显著；从（6）列可以看出，本地会计专业独立董事的存在性（GEO_D）与企业创新投入（RD）的回归系数为0.001，且在10%的水平上显著，权益资本成本（COC）与企业创新投入（RD）的回归系数为-0.031，且在1%的水平上显著。以上的研究证据表明会计专业独立董事本地任职通过降低权益资本成本促进了企业创新投入。

表6-16 会计专业独立董事本地任职影响权益资本成本的经济后果

变量	(1)	(2)	(3)	(4)	(5)	(6)
	RD	COC	RD	RD	COC	RD
GEO_N	0.001**	-0.004***	0.000*			
	(2.071 8)	(-3.186)	(1.906 2)			

续表

变量	(1) RD	(2) COC	(3) RD	(4) RD	(5) COC	(6) RD
GEO_D			0.002** (2.0573)	-0.004** (-2.157)		0.001* (1.9548)
COC			-0.030*** (-3.375)			-0.031*** (-3.411)
FIRST	-0.011*** (-3.747)		-0.011*** (-3.689)	-0.011*** (-3.743)		-0.011*** (-3.685)
Size	-0.002*** (-4.850)	0.004*** (4.245)	-0.002*** (-4.599)	-0.002*** (-4.732)	0.004*** (4.145)	-0.002*** (-4.485)
LEV	-0.026*** (-8.806)	0.041*** (7.415)	-0.025*** (-8.426)	-0.026*** (-8.789)	0.040*** (7.369)	-0.025*** (-8.407)
Growth	-0.002* (-1.824)	-0.003 (-1.347)	-0.002* (-1.897)	-0.002* (-1.852)	-0.003 (-1.304)	-0.002* (-1.923)
ROA	0.008 (0.747)	-0.114*** (-6.779)	0.004 (0.420)	0.007 (0.728)	-0.113*** (-6.719)	0.004 (0.400)
CFO	-0.005 (-0.668)		-0.004 (-0.636)	-0.005 (-0.675)		-0.005 (-0.643)
PPE	-0.018*** (-6.252)		-0.018*** (-6.099)	-0.018*** (-6.270)		-0.018*** (-6.114)
Age	-0.001*** (-6.906)		-0.001*** (-6.653)	-0.001*** (-6.825)		-0.001*** (-6.571)
State	-0.002** (-2.008)		-0.002** (-2.123)	-0.002** (-2.015)		-0.002** (-2.135)
Turnover		-0.000* (-1.663)			-0.000 (-1.606)	
Beta		-0.003 (-0.640)			-0.003 (-0.668)	

续表

变量	(1)	(2)	(3)	(4)	(5)	(6)
	RD	COC	RD	RD	COC	RD
_cons	0.080***	-0.013	0.079***	0.079***	-0.011	0.078***
	(8.390)	(-0.638)	(8.304)	(8.134)	(-0.539)	(8.052)
IND	Yes	Yes	Yes	Yes	Yes	Yes
Year	Yes	Yes	Yes	Yes	Yes	Yes
Adj. R^2	0.344	0.140	0.346	0.344	0.138	0.346
N	3 640	3 640	3 640	3 640	3 640	3 640

注：括号内为 White 异方差调整的 t 值，***、**、* 分别表示在 1%、5% 和 10% 的水平上显著。

6.4　本章小结

本章立足于本地会计专业独立董事的信息治理功能在股票市场上的反应，以及不同的内外部环境下本地会计专业独立董事的信息治理功能在股票市场上反应的差异，以 2007—2016 年我国上海证券交易所和深圳证券交易所上市的 A 股非金融类上市公司为研究样本，检验会计专业独立董事本地任职对权益资本成本的影响以及不同的管理层权力和法制环境下会计专业独立董事本地任职对权益资本成本影响的差异。首先，本章根据理论分析提出三个基本假设，然后借鉴已有研究文献进行变量设定和模型设计，最后通过实证方法对假设进行检验。研究结论如下：（1）本地任职的会计专业独立董事比异地任职的会计专业独立董事具有更低的监督成本、更高的监督效率和更强的监督意愿，能够对公司的会计信息实施更好的监督，从而降低公司与投资者之间的信息不对称,进而降低权益资本成本。(2)公司的管理层权力越大,越不利于本地会计专业独立董事信息监督作用的发挥,因而在管理层权力大的公司,会计专业独立董事本地任职对权益资本成本的影响减弱。(3)良好的法律环境有利于监督上市公司完善信息披露,在法律环境好的地区,会计专业独立董事本地任职的信息质量作用更不明显,因而会计专业独立董事本地任职与权益资本成本之间的关系减弱。(4)路径检验发现,信息披露质量在会计专业独立董事本地任职影响权益资本成本的过程中发挥了部分中介作用。(5)进一步将全样本分为国有企业组和非国有企业组,分别在两组样本中考察会计专业独立董事本地任职与权益资本成本的关系,实证结果显示,相比于国有企业,在非国有企业中,会计专业独立董事本地任职与权益资本成本的负相关关系更显著。(6)进一步以企业创新投入为视角,检验会计专业独立董事本地任职影响权益资本成本的经济后果,研究发现,会计专业独立董事本地任职通过降低权益资本成本促进了企业的创新投入。

根据本章的研究结论得到以下的启示:(1)会计专业独立董事的信息治理作用因为地理距离的不同而表现出差异,地理距离更临近上市公司的本地会计专业独立董事表现出来更强的信息治理作用,能够更好地保证企业的会计信息质量。对于股东而言,应该认识到本地会计专业独立董事提升会计信息的作用,并将会计专业独立董事本地任职的信息运用于投资决策中;对于企业自身而言,应该充分利用本地会计专业独立董事在信息治理中的优势,以更大限度地提升企业的会计信息质量。(2)管理层权力是企业内部环境中重要的一部分,过大的管理层权力不利于会计专业独立董事信息治理作用的发挥,从而不利于企业会计信息质量的提升。企业应该采用相应的措施对过大的管理层权力进行治理，以减少其负面作用。(3) 法制环境的治理作用与会计专业独立董事的治理作用存在替代效应。因此，处在法制环境差的地区的公司更应该重视对本地会计专业独立董事的配备，以此提高企业的会计信息质量，便于获得更低的权益资本成本。

第 7 章 研究结论、局限与展望

本章是全书的结尾部分,首先,针对前文的文献综述、理论分析和实证检验进行回顾,在此基础上形成本书的研究结论;其次,根据本书的研究结论得出相应的启示,最后,提出本书研究的不足之处和未来可以进一步研究的方向。

7.1 研究结论

资本成本在企业的投融资和价值评估活动中占据了重要的地位,大量的研究表明企业的会计信息质量会影响企业的资本成本,会计专业独立董事尤其是本地会计专业独立董事具有信息治理作用,能够提高企业的会计信息质量,从而能够反映到资本成本上。遗憾的是,目前鲜有文献探讨会计专业独立董事本地任职对资本成本的影响。因此,本书分别基于银行信贷市场、债券市场和股票市场,检验了会计专业独立董事本地任职与资本成本的关系。考虑到企业内外部环境对会计专业独立董事本地任职治理效应的影响,于是在不同的管理层权力和法制环境下,对会计专业独立董事与资本成本的关系进一步深入进行考察。针对以上的研究内容,本书以我国沪深 A 股非金融类上市公司为研究对象,按照提出问题—机理分析—实证检验—研究结论的逻辑思路展开研究，在契约理论、信息不对称理论、委托代理理论和投资者保护理论等理论的基础上对本书所要研究的问题进行理论分析并提出研究假设，继而通过实证方法对本书所提出的假设进行检验。通过实证检验后，本书得出了以下的研究结论：

（1）从会计专业独立董事本地任职的信息治理作用在银行信贷市场上的反映来看，会计专业独立董事本地任职降低了银行贷款成本。基于银行信贷市场，选取2007—2016年我国沪深两市A股非金融类上市公司作为研究样本，检验了会计专业独立董事本地任职与银行贷款成本的关系以及不同管理层权力和法制环境下会计专业独立董事本地任职对银行贷款成本影响的差异。研究发现，会计专业独立董事本地任职具有信息治理作用，提高了企业的会计信息质量，从而降低了企业与银行之间的信息不对称，有助于企业获得更低的银行贷款成本；过大的管理层权力会干扰会计专业独立董事本地任职的信息治理作用，从而不利于获得更低的企业银行贷款成本，即管理层权力减弱了会计专业独立董事本地任职与银行贷款成本的负相关关系；良好的法制制度对会计专业独立董事本地任职的信息治理作用起到了替代作用，从而法制环境减弱了会计专业独立董事本地任职对银行贷款成本的降低作用。对会计专业独立董事本地任职与银行贷款成本的影响路径进行检验发现，信息披露质量在会计专业独立董事本地任职与银行贷款成本的关系中扮演了部分中介作用。区分公司产权进行研究发现，相比于国有企业，在非国有企业中会计专业独立董事本地任职对银行贷款成本的降低作用更显著。进一步以企业创新投入为研究视角，探讨了会计专业独立董事本地任职影响银行贷款成本的经济后果，研究发现，会计专业独立董事本地任职通过银行贷款成本的部分中介作用对企业创新投入产生了影响。

(2) 从会计专业独立董事本地任职的信息治理作用在债券市场上的反映来看，会计专业独立董事本地任职降低了债券融资成本。基于债券市场，选择2007—2016年我国沪深两市A股非金融类上市公司为研究对象，考察了会计专业独立董事本地任职与债券融资成本的关系及其不同管理层权力和法制环境下会计专业独立董事本地任职对债券融资成本影响的差异。研究发现，会计专业独立董事本地任职的信息治理作用有利于提升企业的会计信息质量，从而降低企业与债券投资者之间的信息不对称，帮助企业获得更低的债券融资成本；当管理层权力较大时，会计专业独立董事本地任职的作用会受到干扰，不利于企业获得更低的债券融资成本，即管理层权力减弱了会计专业独立董事本地任职与债券融资成本之间的关系；法制制度对会计专业独立董事本地任职的信息治理作用起到了一定的替代作用，从而减弱了会计专业独立董事与债券融资成本的负相关关系。通过对会计专业独立董事本地任职对债券融资成本的影响路径进行检验发现，信息披露质量在会计专业独立董事本地任职与债券融资成本的关系中发挥了中介作用。区分公司产权进行研究发现，相比于国有企业，在非国有企业中会计专业独立董事本地任职与债券融资成本的关系更显著。进一步以企业创新投入为研究视角，探讨会计专业独立董事影响债券融资成本的经济后果，研究发现，会计专业独立董事未通过债券融资成本而对企业创新投入产生影响。

(3) 从会计专业独立董事本地任职的信息治理作用在股票市场上的反映来看，会计专业独立董事本地任职降低了权益资本成本。基于股票市场，利用2007—2016年我国沪深两市A股非金融类上市公司的数据，对会计专业独立董事本地任职与权益资本成本以及不同管理层权力和法制环境下会计专业独立董事本地任职对权益资本成本影响的差异进行实证检验。研究结果表明，会计专业独立董事本地任职的信息治理作用对企业会计信息质量具有提升作用,从而缓解企业与投资者之间的信息不对称,有助于企业获得更低的权益资本成本;过大的高管层权力会限制会计专业独立董事本地任职作用的发挥,从而不利于权益资本成本的降低,即管理层权力减弱了会计专业独立董事本地任职与权益资本成本之间的关系;法制制度对会计专业独立董事本地任职的信息治理效应具有替代作用,从而减弱了会计专业独立董事本地任职与权益资本成本之间的负相关关系。对会计专业独立董事本地任职影响权益资本成本的路径进行检验发现,信息披露质量在会计专业独立董事与权益资本成本的关系中发挥了部分中介作用。区分公司产权进行研究发现,相比于国有企业,在非国有企业中会计专业独立董事本地任职对权益资本成本的影响更大。进一步以企业创新投入为研究视角,探讨了会计专业独立董事本地任职影响权益资本成本的经济后果,研究发现,会计专业独立董事本地任职通过权益资本成本的部分中介作用对企业创新投入产生了影响。

7.2 启示

会计专业独立董事本地任职与资本成本的关系是本书研究的主要内容,实证研究发现会计专业独立董事本地任职的信息治理作用在银行信贷市场、债券市场和股票市场均有反映,降低了企业的资本成本(银行贷款成本、债券融资成本和权益资本成本);管理层权力和法制环境减弱了会计专业独立董事本地任职与资本成本的关系。进一步研究发现,国有产权性质减弱了会计专业独立董事本地任职与资本成本的关系。除了债券融资成本外,会计专业独立董事本地任职对另外两类资本成本（银行贷款成本和权益资本成本）的降低作用会促进企业创新投入。根据以上的研究结论，本书得到以下几点启示：

（1）对于债权人和股东而言，需要全面认识会计专业独立董事本地任职在公司治理中的作用，并以此为依据进行相关的决策。本书的研究表明，相比于异地会计专业独立董事，本地会计专业独立董事具有更低的监督成本、更高的监督效率和更强的监督动机，从而更好地提升了企业的会计信息质量，有助于降低企业与债权人和股东之间的信息不对称，从而债权人和股东更有意愿为企业提供更低的资本成本（银行贷款成本、债券融资成本和权益资本成本）。因此，债权人和股东应该重视会计专业独立董事本地任职所传递的信号，将其用于投资决策中，以减小未来可能的信息风险，提高资源配置效率。

（2）对于企业来说，应该重视不同背景的会计专业独立董事在公司治理效应上的差异，选择有利于发挥治理作用的相关背景的会计专业独立董事以改善企业的会计信息质量。前文的研究表明不同的会计专业独立董事在信息治理作用上是存在差异的，其中地理位置特征会影响会计专业独立董事职能的发挥，本地的会计专业独立董事具有比异地会计专业独立董事更强的信息治理作用。因此，企业在选拔会计专业独立董事时应为本地会计专业独立董事保留一席之地，在可能的情况下尽量选择本地的会计专业独立董事。尤其是处于法制环境较差地区的企业更应该重视和选拔本地会计专业独立董事，以改善企业的会计信息质量，以便获得更低的资本成本。

（3）增强对管理层权力的约束机制。本书的研究表明，较高的管理层权力会干扰会计专业独立董事相关职能的履行，因此为了能够使会计专业独立董事充分发挥其信息治理作用，企业应该采取相关措施对过高的管理层权力进行约束，比如通过强化第一大股东的治理、强化董事会和监事会等监督机制和提高企业的内部控制水平等方式削弱管理层权力。

（4）会计专业独立董事本地任职降低了企业的债券融资成本，但是债券融资成本的降低却没能显著提升其创新投入水平，这可能与我国上市公司的债券融资规模小有关系。相比于西方发达国家，我国债券市场起步晚，债券发行规模尤其是以企业为主体所发行的债券发行规模还远远不足。因此，我国应该重视公司债券市场在债券市场发展中的战略性地位，改革制约公司债券市场发展的体制性因素，大力扶持公司债券市场，为缓解企业融资约束和促进企业研发创新提供助力。

7.3 研究局限与展望

本书围绕着会计专业独立董事本地任职与资本成本两者之间的关系进行了研究，虽然作者对本书所关注的问题尽可能地进行缜密、详尽的理论分析，对实证研究也力求做到方法上的规范和合理，但是由于会计专业独立董事本地任职的研究相对缺乏，加上个人研究水平和各种客观条件的限制，本书的研究仍然存在着以下的不足之处，同时提出进一步研究的可能性。

（1）由于会计专业独立董事具有会计方面的专长，是独立董事中保障企业会计信息质量的中坚力量，因此，本书只选择会计专业独立董事这类独立董事为研究对象，探讨其地理位置因素对资本成本的影响。其他背景的独立董事本地任职也有可能会影响企业的会计信息，尽管影响力较弱一些。将来的研究可以对整体独立董事本地任职特征与资本成本的关系展开进一步的探讨。

（2）本书主要探讨了会计专业独立董事本地任职对资本成本的影响，由于受研究框架所限，本书未从会计专业独立董事本地任职的视角探讨除融资成本以外的其他融资方面的问题。比如，在债务融资方面，作者关注的是会计专业独立董事本地任职对银行贷款成本和债券融资成本的影响，而未从会计专业独立董事本地任职的角度研究银行贷款的规模和期限等要素以及商业信用融资（非正规金融）等债务融资方面的内容。这些尚未解决的问题也是将来可以进一步研究的方向。

（3）在债券市场上研究会计专业独立董事本地任职与债券融资成本的关系时，尽管本书选取了10年的数据，但是相对而言，我国公司债券市场比西方发达国家起步晚，最终得到的样本量也不大。这是客观原因造成的，随着我国债券市场的发展，这个问题将逐渐得到解决。

参考文献

[1] 曹洋,林树. 会计专业人士担任独立董事的效果研究 [J]. 山西财经大学学报,2011,(2):109-116.

[2] 曹春方,林雁. 异地独董、履职职能与公司过度投资 [J]. 南开管理评论,2017,(1):16-29.

[3] 曹春方,许楠. 独立董事网络与商业信用:监督、咨询还是关系租借 [R]. 经济研究工作论文,2015.

[4] 曹书军,刘星,杨晋渝. 审计质量特征、客户规模与公司权益资本成本 [J]. 山西财经大学学报,2012,(8):117-124.

[5] 蔡春,唐凯桃,薛小荣. 会计专业独董的兼职席位、事务所经历与真实盈余管理 [J]. 管理科学,2017,(7):30-47.

[6] 陈运森,谢德仁. 网络位置、独立董事治理与投资效率 [J]. 管理世界,2011,(7):113-127.

[7] 陈德球,胡晴,梁媛. 劳动保护、经营弹性与银行借款契约 [J]. 财经研究,2014,(9):62-72.

[8] 陈恋. 社会责任信息披露质量对权益资本成本的影响——基于生命周期视角 [J]. 科学决策,2017,(1):36-51.

[9] 陈险峰,胡珺,胡国柳. 董事高管责任保险、权益资本成本与上市公司再融资能力 [J]. 财经理论与实践,2014,(1):39-44.

[10] 崔秀梅,李心合,唐勇军. 社会压力、碳信息披露透明度与权益资本成本 [J]. 当代财经,2016,(11):117-128.

[11] 戴国强,孙新宝.我国债券信用利差宏观决定因素研究[J].财经研究,2011,(12):61-71.

[12] 邓博夫,吴萌,吉利.社会责任信息披露能引起机构投资者关注吗?——基于股权资本成本的检验[J].财经科学,2016,(9):24-32.

[13] 董红晔.财务背景独立董事的地理邻近性与股价崩盘风险[J].山西财经大学学报,2016,(3):113-124.

[14] 傅家骥,仝允桓,高建,雷家骕.技术创新学[M].北京:清华大学出版社,1998.

[15] 傅传锐,王美玲.智力资本自愿信息披露、企业生命周期与权益资本成本[J].经济管理,2018,(4):170-186.

[16] 傅颀,汪祥耀,路军.管理层权力、高管薪酬变动与公司并购行为分析[J].会计研究,2014,(11):30-37.

[17] 方红星,施继坤,张广宝.产权性质、信息质量与公司债定价——来自中国资本市场的经验证据[J].金融研究,2013(4):170-182.

[18] 龚光明,王京京.财务专家型独立董事能有效抑制盈余管理吗?——来自深市2003—2011年的经验证据[J].华东经济管理,2013,(12):1-9.

[19] 龚仰树,辛明磊.信息披露质量是否影响公司债务融资成本?——来自我国上市公司的经验证据[J].现代管理科学,2014,(9):93-95.

[20] 顾小龙,施燕平,辛宇.风险承担与公司债券融资成本:基于信用评级的策略调整视角[J].2017,(10):134-145.

[21] 顾水彬,陈露.其他综合收益列报影响股权资本成本吗?——基于损益与风险双重视角的检验[J].山西财经大学学报,2017,(5):111-124.

[22] 胡奕明,唐松莲. 独立董事与上市公司盈余信息质量[J]. 管理世界, 2008, (9): 149-160.

[23] 胡奕明,唐松莲. 审计、信息透明度与银行贷款利率[J]. 审计研究, 2007, (6): 74-85.

[24] 胡苏. 制度环境、独立董事与长期借款融资——来自中国上市公司的经验证据[J]. 山西财经大学学报, 2011, (4): 106-114.

[25] 胡元木. 技术独立董事可以提高 R&D 产出效率吗?——来自中国证券市场的研究[J]. 南开管理评论, 2012, (2): 136-142.

[26] 黄海杰,吕长江,丁慧. 独立董事声誉与盈余质量——会计专业独董的视角[J]. 管理世界, 2016, (3): 128-143.

[27] 黄芳,杨七中. 独立董事本地化对公司盈余管理的影响——来自 2010—2014 年 A 股上市公司的经验证据[J]. 财经理论与实践, 2016 (1): 81-88.

[28] 黄珺,魏莎. 独立董事政治关联对企业贷款融资的影响研究[J]. 管理评论, 2016, (11): 182-190.

[29] 后青松,袁建国,张鹏. 企业避税行为影响其银行债务契约吗——基于 A 股上市公司的考察[J]. 南开管理评论, 2016, (4): 122-134.

[30] 郝东洋,王静. 审计师行业专长降低了权益资本成本吗?——基于法制环境与产权性质的分析[J]. 财经研究, 2015, (3): 132-143.

[31] 刘文军. 审计师的地理位置是否影响审计质量?[J]. 审计研究, 2014, (1): 79-87.

[32] 刘文军. 会计稳健性与银行借款合约[J]. 山西财经大学学报, 2014, (7): 105-114.

[33] 刘春,李善民,孙亮. 独立董事具有咨询功能吗?——异地独董在异地并购中功能的经验研究 [J]. 管理世界, 2015, (3): 124-136.

[34] 刘立国,杜莹. 公司治理与会计信息质量关系的实证研究 [J]. 会计研究, 2003, (2): 28-36+65.

[35] 刘中燕,周泽将. 本地任职、产权性质与政府补助 [J]. 商业经济与管理, 2016, (9): 30-40.

[36] 刘浩,唐松,楼俊. 独立董事:监督还是咨询?——银行背景独立董事对企业信贷融资影响研究 [J]. 管理世界, 2012, (1): 141-156+169.

[37] 刘坤,戴文涛. 企业违规、产权性质与贷款融资 [J]. 财经问题研究, 2017, (6): 50-56.

[38] 刘国光,王慧敏. 公司债券信用利差和国债收益率动态关系研究 [J]. 山西财经大学学报, 2005, 27 (5): 117-122.

[39] 李璐,孙俊奇. 独立董事背景特征对企业信贷融资的影响研究——基于我国上市民营企业的经验证据 [J]. 投资研究, 2013, (8): 138-152.

[40] 李志辉,杨思静,孟焰. 独立董事兼任:声誉抑或忙碌——基于债券市场的经验证据 [J]. 审计研究, 2017, (5): 96-103.

[41] 李志刚,施先旺. 战略差异、管理层特征与银行借款契约——基于风险承担的视角 [J]. 中南财经政法大学学报, 2016, (2): 68-77+159.

[42] 李志刚,施先旺,谢建. 信息不对称的市场感知与银行借款契约——以分析师预测为视角 [J]. 投资研究, 2015, (9): 11-32.

[43] 李志刚,施先旺,高莉贤. 企业社会责任信息披露与银

行借款契约[J]. 金融经济学研究, 2016, (1): 106-116.

[44] 李卓松. 企业风险承担、高管金融背景与债券融资成本[J]. 2018, (2): 73-84+125.

[45] 李小荣, 董红晔. 高管权力、企业产权与权益资本成本[J]. 经济科学, 2015, (4): 67-80.

[46] 李姝, 赵颖, 童婧. 社会责任报告降低了企业权益资本成本吗?——来自中国资本市场的经验证据[J]. 会计研究, 2013, (9): 64-70.

[47] 李虹, 娄雯, 田马飞. 企业环保投资、环境管制与股权资本成本——来自重污染行业上市公司的经验证据[J]. 审计与经济研究, 2016, (2): 71-80.

[48] 李刚, 张伟, 王艳艳. 会计盈余质量与权益资本成本关系的实证分析[J]. 审计与经济研究, 2008, (9): 57-62.

[49] 陆贤伟, 王建琼, 董大勇. 董事网络、信息传递与债务融资成本[J]. 管理科学, 2013, (6): 55-64.

[50] 陆宇建, 叶洪铭. 投资者保护与权益资本成本的关系探讨[J]. 证券市场导报, 2007, (10): 4-12.

[51] 梁雯, 刘淑莲, 李济含. 独立董事网络中心度与企业并购行为研究[J]. 证券市场导报, 2018, (1): 54-63.

[52] 何韧. 银行关系与银行贷款定价的实证研究[J]. 财经论丛, 2010, (1): 57-63.

[53] 何志刚, 邵莹. 流动性风险对我国公司债券信用利差的影响——基于次贷危机背景的研究[J]. 会计与经济研究, 2012, (1): 78-85.

[54] 何志刚, 周泉, 陆奕雯. 金融认证对债券融资成本的影响分析——以我国城投债为例[J]. 证券市场导报, 2016, (2): 63-71.

[55] 罗琦, 王悦歌. 真实盈余管理与权益资本成本——基于公司成长性的差异分析 [J]. 金融研究, 2015, (5): 178-191.

[56] 罗党论, 佘国满. 地方官员变更与地方债发行 [J]. 经济研究, 2015, (6): 131-146.

[57] 连军. 政治联系、市场化进程与权益资本成本——来自中国民营上市公司的经验证据 [J]. 经济与管理研究, 2012, (2): 32-39.

[58] 卢文彬, 官峰, 张佩佩, 邓玉洁. 媒体曝光度、信息披露环境与权益资本成本 [J]. 会计研究, 2014, (12): 66-71.

[59] 马如静, 蒋超, 唐雪松. 债务企业盈余质量与银行贷款决策 [J]. 财经科学, 2015, (10): 55-63.

[60] 闵晓平, 严武, 桂荷发, 王磊. 公司债券流动性溢价研究进展 [J]. 经济学动态, 2009, (6): 103-108.

[61] 闵晓平, 桂荷发, 严武. 基于主成分分析的公司债券市场流动性衡量研究 [J]. 证券市场导报, 2011, (7): 70-77.

[62] 倪娟, 孔令文. 环境信息披露、银行信贷决策与债务融资成本——来自我国沪深两市A股重污染行业上市公司的经验证据 [J]. 经济评论, 2016, (1): 147-156.

[63] 欧阳励励, 陈辉发, 张川. 终极控股股东类型、两权分离度与公司债券融资成本 [J]. 山西财经大学学报, 2014, (9): 92-103.

[64] 欧阳才越, 谢妍, 熊家财. 控股股东股权质押与新发行公司债定价 [J]. 山西财经大学学报, 2018, (1): 26-38.

[65] 潘克勤. 独立董事比例、产权性质与长期债务融资契约 [J]. 经济经纬, 2010, (1): 68-71.

[66] 潘俊, 王亮亮, 沈晓峰. 金融生态环境与地方政府债务融资——基于省级城投债数据的实证检验 [J]. 会计研究, 2015,

(6): 34 - 41 + 96.

[67] 全怡,李四海,梁上坤. 异地上市公司的政治资源获取: 基于聘请北京独立董事的考察 [J]. 会计研究, 2017, (11): 58 - 64 + 97.

[68] 钱乐乐. 分析师公司预测信息与企业债券融资成本——基于我国上市公司数据的研究 [J]. 海南大学学报, 2017, (3): 65 - 71.

[69] 施继坤. 内部控制鉴证、审计师声誉与权益资本成本——基于2009—2010年A股上市公司的经验分析 [J]. 云南财经大学学报, 2012, (4): 139 - 147.

[70] 孙文娟. 内部控制报告与权益资本成本的关系研究 [J]. 财经理论与实践, 2011, (7): 67 - 72.

[71] 孙亮,刘春. 公司为什么聘请异地独立董事? [J]. 管理世界, 2014, (9): 131 - 142.

[72] 苏忠秦,沈中华,黄登仕. 政治关联、终极控制人性质与权益资本成本 [J]. 南方经济, 2012, (10): 74 - 87.

[73] 苏明. 已实现收益、未实现收益与股权资本成本 [J]. 云南财经大学学报, 2015, (4): 111 - 119.

[74] 沈艺峰,肖珉,黄娟娟. 中小投资者法律保护与公司权益资本成本 [J]. 经济研究, 2005, (6): 115 - 124.

[75] 沈艺峰,王夫乐,陈维. "学院派"的力量: 来自具有学术背景独立董事的经验证据 [J]. 经济管理, 2016, (5): 176 - 186.

[76] 沈洪涛,游家兴,刘江宏. 再融资环保核查、环境信息披露与权益资本成本 [J]. 金融研究, 2010, (12): 159 - 172.

[77] 宋建波,文雯. 董事海外背景能促进企业创新吗? [J]. 中国软科学, 2016, (11): 109 - 120.

[78] 唐未兵,傅元海,王展祥. 技术创新、技术引进与经济增长方式转变 [J]. 经济研究, 2014, (7): 31-43.

[79] 王兵. 独立董事监督了吗?——基于中国上市公司盈余质量的视角 [J]. 金融研究, 2007, (1): 109-121.

[80] 王春飞,陆正飞,伍利娜. 企业集团统一审计与权益资本成本 [J]. 会计研究, 2013, (6): 75-82.

[81] 王艺霖,王爱群. 内部控制缺陷披露、内控审计对权益资本成本的影响——来自沪深A股上市公司的经验整合 [J]. 宏观经济研究, 2014, (2): 123-130.

[82] 王俊秋. 政治关联、盈余质量与权益资本成本 [J]. 管理评论, 2013, (10): 80-90.

[83] 王俊秋,倪春晖. 政治关联、会计信息与银行贷款成本 [J]. 经济与管理研究, 2012, (8): 30-38.

[84] 王亮亮. 真实活动盈余管理与权益资本成本 [J]. 管理科学, 2013, (10): 88-99.

[85] 王艳艳. 管理层盈余预测与权益资本成本 [J]. 厦门大学学报(哲学社会科学版), 2013, (5): 114-123.

[86] 王爱群,关博文. 机构投资者持股行为对公司债券融资成本 [J]. 社会科学战线, 2017, (12): 62-66.

[87] 王冰洁,刘振涛. 信息披露质量对权益资本成本的影响——基于管理层盈余预测消息类型的实证研究 [J]. 山西财经大学学报, 2017, (7): 110-124.

[88] 王博森,施丹. 市场特征下会计信息对债券定价的作用研究 [J]. 会计研究, 2014, (4): 19-26+95.

[89] 王静,张天西. 税收规避、公司治理与债务契约定价 [J]. 经济管理, 2017, (4): 159-175.

[90] 王彦超,姜国华,辛清泉. 诉讼风险、法制环境与债务

成本 [J]. 会计研究, 2016, (6): 30-37+94.

[91] 王永钦, 米晋宏, 袁志刚, 周群力. 担保网络如何影响信贷市场——来自中国的证据 [J]. 金融研究, 2014, (10): 116-132.

[92] 王茵田, 文志瑛. 我国流动性风险对债券定价的影响 [J]. 投资研究, 2016, (5): 76-90.

[93] 王雄元, 张春强, 何捷. 宏观经济波动性与短期融资券风险溢价 [J]. 金融研究, 2015, (1): 68-83.

[94] 王营, 曹延求. 董事网络增进企业债务融资的作用机理研究 [J]. 金融研究, 2014, (7): 189-206.

[95] 王化成, 张修平, 高升好. 企业战略影响过度投资吗? [J]. 南开管理评论, 2016, (4): 87-97.

[96] 万良勇, 胡璟. 网络位置、独立董事治理与公司并购——来自中国上市公司的经验证据 [J]. 南开管理评论, 2014, (2): 64-73.

[97] 汪平, 王晓娜. 管理层持股与股权资本成本 [J]. 外国经济与管理, 2017, 39 (2): 60-71.

[98] 吴红军. 环境信息披露、环境绩效与权益资本成本 [J]. 厦门大学学报 (哲学社会科学版), 2014, (3): 129-138.

[99] 吴建华, 王新军, 张颖. 企业信息披露滞后对债券违约风险影响的量化分析 [J]. 金融经济学研究, 2014, (6): 17-28.

[100] 肖珉. 法的建立、法的实施与权益资本成本 [J]. 中国工业经济, 2008. (3): 40-48.

[101] 肖松, 赵峰. 法律、投资者保护与权益资本成本 [J]. 经济与管理研究, 2010, (5): 19-23.

[102] 肖作平, 黄璜. 媒体监督、所有权性质和权益资本成本 [J]. 证券市场导报, 2013, (12): 14-20.

[103] 肖作平, 曲佳莉. 分析师意见分歧、经验与权益资本成本 [J]. 证券市场导报, 2013, (9): 18-26.

[104] 肖作平. 终极所有权结构对权益资本成本的影响——来自中国上市公司的经验证据 [J]. 管理科学学报, 2016, (1): 72-86.

[105] 肖作平, 王璐. 财务重述对银行贷款契约的影响研究 [J]. 证券市场导报, 2018, (6): 4-14.

[106] 肖作平, 张樱. 终极所有权结构对银行贷款契约的影响——来自中国上市公司的经验证据 [J]. 证券市场导报, 2015, (11): 19-30.

[107] 肖浩, 夏新平. 政府干预、政治关联与权益资本成本 [J]. 管理学报, 2010, (6): 921-929.

[108] 肖斌卿, 伊晓奕, 刘海飞. 分析师跟进行为对上市公司资本成本的影响——来自中国证券市场的经验证据 [J]. 南京师范大学学报, 2010, (5): 42-51.

[109] 向锐. 财务独立董事特征与会计稳健性 [J]. 山西财经大学学报, 2014, (6): 102-112.

[110] 向寿生, 薛小荣. 财务型独董对盈余管理的影响研究 [J]. 统计与信息论坛, 2016, (10): 60-69.

[111] 解维敏, 方红星. 金融发展、融资约束与企业研发投入 [J]. 金融研究, 2011, (5): 171-183.

[112] 徐星美, 李晏墅. 金字塔结构和权益资本成本: 理论分析与经验证据 [J]. 财贸经济, 2010, (5): 20-25.

[113] 徐珊, 黄健柏. 企业产权、社会责任与权益资本成本 [J]. 南方经济, 2015, (4): 76-90.

[114] 徐晟. 会计信息质量影响权益资本成本的实证分析 [J]. 经济管理, 2013, (10): 100-108.

[115] 徐浩萍,杨国超. 股票市场投资者情绪的跨市场效应——对债券融资成本影响的研究 [J]. 财经研究, 2013, (2): 47-57.

[116] 夏楸,杨一帆,郑建明. 媒体报道、媒体公信力与债务成本 [J]. 管理评论, 2018, (4): 180-193.

[117] 夏冠军,陆根尧. 资本市场促进了高技术企业研发投入吗?——基于中国上市公司动态面板数据的证据 [J]. 科学学研究, 2009, 30 (9): 1370-1377.

[118] 叶康涛,祝继高,陆正飞,张然. 独立董事的独立性: 基于董事会投票的证据 [J]. 经济研究, 2011, (1): 126-139.

[119] 叶康涛,陆正飞,张志华. 独立董事能否抑制大股东的"掏空"? [J]. 经济研究, 2007, (4): 101-111.

[120] 叶志强,赵炎. 独立董事、制度环境与研发投入 [J]. 管理学报, 2017, (7): 1033-1040.

[121] 于静霞. 盈余管理与银行债务融资成本的实证研究——来自A股市场的经验证据 [J]. 财政研究, 2011, (11): 68-72.

[122] 于富生,张胜,李岩. 管理者过度自信与权益资本成本——来自我国证券市场的经验证据 [J]. 审计与经济研究, 2011, (1): 72-80.

[123] 余玉苗,周莹莹. 债券契约、审计师选择与债券融资成本 [J]. 当代会计评论, 2015, (1): 83-98.

[124] 袁放建,冯琪,韩丹. 内部控制鉴证、终极控制人性质与权益资本成本 [J]. 审计与经济研究, 2013, (4): 34-42.

[125] 叶陈刚,王孜,武剑锋,李惠. 外部治理、环境信息披露与股权融资成本 [J]. 南开管理评论, 2015, (5): 85-96.

[126] 姚立杰,罗玟,夏冬琳. 公司治理与银行借款融资 [J]. 会计研究, 2010, (8): 55-61.

[127] 闫志刚. 内部控制质量、企业风险与权益资本成本——

理论分析与实证检验 [J]. 经济经纬, 2012, (5): 107-111.

[128] 闫华红. 内部治理与资本成本的关系研究 [J]. 财政研究, 2011, (6): 54-58.

[129] 尹志超, 钱龙, 吴雨. 银企关系、银行业竞争与中小企业借贷成本 [J]. 金融研究, 2015, (1): 134-149.

[130] 杨红, 杨淑娥, 张鹏. 信息披露质量对股权融资成本影响的时间趋势——基于熵权测度的我国上市公司实证研究 [J]. 山西财经大学学报, 2012, (12): 68-82.

[131] 杨慧辉, 汪建新, 郑月. 股权激励、控股股东性质与信贷契约选择 [J]. 财经研究, 2018, (1): 75-86.

[132] 杨大楷, 王鹏. 盈余管理与公司债券定价——来自中国债券市场的经验证据 [J]. 国际金融研究, 2014, (4): 86-96.

[133] 杨兴全, 曾春华. 市场化进程、多元化经营与公司现金持有 [J]. 管理科学, 2012, (6): 43-54.

[134] 张世鹏, 张洁瑛, 谢星. 会计独董、治理环境与审计委员会勤勉度 [J]. 审计研究, 2013, (3): 67-74.

[135] 张嘉兴, 余冬根, 刘艳春. 公司声誉、审计师声誉与权益资本成本——基于中国民营上市公司的经验证据 [J]. 财经理论与实践, 2016, (3): 74-79.

[136] 张学勇, 何姣, 陶醉. 会计师事务所声誉能有效降低上市公司的权益资本成本吗？ [J]. 审计研究, 2014, (5): 86-93.

[137] 张瑶, 郭雪萌. 内控信息披露质量、披露方式与权益资本成本——基于缺陷信息披露的实证证据 [J]. 经济问题, 2015, (4): 110-115.

[138] 张俊民, 王文清, 傅绍正. 内部控制审计模式影响权益资本成本吗？ [J]. 中央财经大学学报, 2018, (2): 65-75.

[139] 张正勇, 邓博夫. 社会责任报告鉴证会降低企业的权益资本成本吗？[J]. 审计研究, 2017, (1): 98-104.

[140] 张樱. 高管社会资本对银行贷款契约的影响——基于社会资本微观层面的实证研究 [J]. 山西财经大学学报, 2016, (7): 39-49.

[141] 张樱. 社会资本、法律环境与银行贷款契约 [J]. 系统工程, 2017, (7): 63-75.

[142] 张丹妮, 周泽将. 履行企业社会责任会降低银行贷款成本吗？[J]. 金融论坛, 2017, (12): 21-32.

[143] 张燃. 信用利差变的决定因素——一个宏观视角 [J]. 当代财经, 2008, (9): 62-83.

[144] 张敦力, 李四海. 社会信任、政治关系与民营企业银行贷款 [J]. 会计研究, 2012, (8): 17-24.

[145] 张长海, 吴顺祥. 国有产权、会计稳健性与权益资本成本——来自中国证券市场的证据 [J]. 财经理论与实践, 2012, (5): 68-71.

[146] 张圣利. 机构持股、会计稳健性与公司权益资本成本——来自中国证券市场的经验证据 [J]. 经济经纬, 2012, (5): 117-121.

[147] 钟凯, 程小可, 肖翔, 郑立东. 宏观经济政策影响企业创新投资吗？——基于融资约束与融资来源视角的分析 [J]. 南开管理评论, 2017, (6): 4-14+63.

[148] 周泽将, 刘中燕. 独立董事本地任职提升了企业投资效率吗？——基于中国资本市场A股上市公司2007—2013年的经验证据 [J]. 山西财经大学学报, 2016, (6): 64-74.

[149] 周泽将, 刘中燕. 独立董事本地任职对上市公司违规行为之影响 [J]. 中国软科学, 2017, (7): 116-125.

[150] 周泽将, 徐玉德. 独立董事本地任职会影响企业经营

绩效吗？[J]. 财政研究, 2015, (10): 95-100.

[151] 周军. 社会网络视角下独立董事与企业创新绩效 [J]. 财经论丛, 2018, (4): 75-82.

[152] 周宏, 徐兆铭, 彭丽华, 杨萌萌. 宏观经济不确定性对中国企业债券信用风险的影响 [J]. 会计研究, 2011, (12): 41-46.

[153] 周宏, 林晚发, 李国平, 王海妹. 信息不确定性、信息不对称与企业债券信用风险评估 [J]. 会计研究, 2012, (12): 36-42.

[154] 周宏, 林晚发, 李国平. 信息不确定、信息不对称与债券信用利差 [J]. 统计研究, 2014, (5): 66-72.

[155] 朱松. 债券市场参与者关注会计信息质量吗 [J]. 南开管理评论, 2013, (3): 16-25.

[156] 朱武祥, 将殿春, 张新. 中国公司金融学 [M]. 上海: 上海三联书店, 2005.

[157] 赵峰, 高明华. 民营企业的政治关联能降低权益资本成本吗？[J]. 山西财经大学学报, 2012, (8): 88-98.

[158] 赵昕, 许杰, 丁黎黎. 董事网络、独立董事治理与上市公司过度投资行为研究 [J]. 审计与经济研究, 2018, (1): 69-80.

[159] 赵德武, 曾力, 谭莉川. 独立董事监督力与盈余稳健性——基于中国上市公司的实证检验 [J]. 会计研究, 2008, (9): 55-63+96.

[160] 赵刚, 梁上坤, 王玉涛. 会计稳健性与银行借款契约——来自中国上市公司的经验证据 [J]. 会计研究, 2014, (12): 18-24+95.

[161] 赵放, 孙哲, 聂兴凯. 审计委员会中会计独董的同城特征与股价崩盘风险 [J]. 审计研究, 2017, (5): 104-112.

[162] 邹颖, 杨晓玮. 政治关联、金融生态环境与股权资本成本——基于 2005—2012 年的数据分析 [J]. 华东经济管理, 2014, (10): 98 – 104.

[163] 邹颖, 汪平, 张丽敏. 股权激励、控股股东与股权资本成本 [J]. 经济管理, 2015, (6): 98 – 109.

[164] 支晓强, 何天芮. 信息披露质量与权益资本成本 [J]. 中国软科学, 2010, (12): 125 – 131.

[165] Adams, R. B., Hermalin, B. E., Weisbach, M. S., 2010, "The Role of Boards of Directors in Corporate Governance: A Conceptual Framework and Survey", *Journal of Economic Literature*, Vol. 48 (1), pp. 58 – 107.

[166] Adam, T. R., Burg, V., Scheinert, T., 2014, "Managerial Optimism and Debt Contract design: The Case of Syndicated Loans", SSRN Working Paper.

[167] Aivazian, V. A., Qiu, J. P., Rahaman, M. M., 2015, "Bank Loan Contracting and Diversification: Does Organization Structure Matter to Lender?", *Journal of Financial Intermediation*, Vol. 24 (2), pp. 252 – 282.

[168] Altman., 1983, "Corporate Financial Distress", New York: Wiley.

[169] Albuquerque, R., Wang, N., 2008, "Agency Conflict, Investment and Asset Pricing", *Journal of Finance*, Vol. 63 (1), pp. 1 – 40.

[170] Akerlof, G., 1970, "The Market for Lemos: Quality Uncertainty and the Market Mechanism", *Quarterly Journal of Economics*, Vol. 84 (3), pp. 488 – 500.

[171] Akins, B., Ng, J., Verdi, R., 2012, "Investor Com-

petition over Information and the Pricing of Information Asymmetry", *The Accounting Review*, Vol. 87 (1), pp. 35 – 58.

[172] Amihud, Y., Mendelson, H., 1986, "Asset Pricing and the Bid-Ask Spread", *Journal of Financial Economics*, Vol. 17 (2), pp. 223 – 249.

[173] Armstrong, C. S., Core, J. S., Taylor, D. J., Verrecchia, R. E., 2012, "When does Information Asymmetry Affect the Cost of Capital?", *Journal of Accounting Research*, Vol. 49 (1), pp. 1 – 40.

[174] Baik, B., kang, J. K., Kim, J. M., 2010, "Local Institutional Investors. Informtion Asymmetries, and Equity Return", *Journal of Financial Economics*, Vol. 97 (1), pp. 81 – 106.

[175] Bae, K. H., Goyal, V., 2009, "Creditor Rights, Enforcement, and Bank Loans", *Journal of Finance*, Vol. 64 (2), pp. 823 – 860.

[176] Bao, J., Pan, J., Wang, J., 2011, "The illiquidity of Corporate Bonds", *The Journal of Finance*, Vol. 66 (3): 11 – 946.

[177] Bedard, J., Chtourou, S. M., Courteau, L., 2004, "The Effect of Audit Committee Expertise, Independence, and Activity on Aggressive Earning Management", *Auditing: A Journal of Practice and Theory*, Vol. 23 (2), pp. 15 – 37.

[178] Benmelech, E., Garmaise, M., Moskowitz, T. J., 2005, "Do Liquidation Values affect Financial Contracts? Evidence from Commercial Loan Contracts and Zoning Regulation", *Quarterly Journal of Economics*, Vol. 120 (3), pp. 1121 – 1154.

[179] Beladi, H., Quijano, M., 2013, "CEO Incentives for

Risk Shifting and its Effect on Corporate Bank Loan Cost", *International Review of Financial Analysism*, Vol. 30 (C), pp. 182 – 188.

[180] Berle, A. J., Means, G., 1932, "The Modern Corporate and Private Property", New York Harcourt, Brace&World.

[181] Bertomeu, J., 2013, "Discussion of Earnings Manipulation and the Cost of Capital", *Journal of Accounting Research*, Vol. 51 (2), pp. 475 – 493.

[182] Bharath, S. T., Sunder, J., Sunder, S. V., 2008, "Accounting Quality and Debt Contracting", *The Accounting Review*, Vol. 83 (1), pp. 1 – 28.

[183] Bharath, S. T., Dahiya, S., Saunders, A., 2011, "Lending Relationships and Loan Contract Term", *Review of Financial Studies*, Vol. 24 (4), pp. 1141 – 1203.

[184] Billett, M. T., Hribar, P., Liu, Y. X., 2015, "Shareholder-Manager Alignment and the Cost of Debt", SSRN Working Paper.

[185] Borisova, G., Megginson, W. L. 2011, "Does government ownership affect the cost of debt? Evidence from privatization", *Review of Financial Studies*, Vol. 24 (8), pp. 2693 – 2737.

[186] Botosan, C. A., 1997, "Disclosure level and the Cost of Equity", *The Accounting Review*, Vol. 72 (3), pp. 323 – 349.

[187] Botosan, C. A., Plumlee, M. A., 2002, "A Re-examination of Disclosure Level and the Expected Cost of Equity Capital", *Journal of Accounting Research*, Vol. 40 (1), pp. 21 – 40.

[188] Botosan, C. A., Plumlee, M. A., 2004, "The Role of Information Precision in Determining the Cost of Equity Capital", *Review of Accounting Studies*, Vol. 9 (2 – 3), pp. 233 – 259.

[189] Bowen, R. M., Chen, X., Cheng, Q., 2008, "Ana-

lyst Coverage and Cost of Raising Equity Capital: Evidence from Underpricing of Seasoned Equity Offerings", *Contemporary Accounting Research*, Vol. 25 (3), pp. 657 - 700.

[190] Boubakri, N., Guedhami, O., Mishra, D., Saffar, W., 2012, "Political Connections and the Cost of Equity Capital", *Journal of Corporate Finance*, Vol. 18 (3), pp. 541 - 559.

[191] Bradley, M., Chen, D., 2015, "Does Board Independence Reduce the Cost of Debt?", *Financial Management*, Vol. 44 (1), pp. 15 - 47.

[192] Cen, L., Dasgupta, S., Elkamhi, R., 2014, "Reputation and Loan Contract Terms: The Role of Principal Customers", SSRN Working Paper.

[193] Chen, T. K., Chen, Y. S., Liao, H. H., 2011, "Labor Unions, Bargaining Power and Corporate Bond Yield Spreads: Structural Credit Model Perspectives", *Journal of Banking and Finance*, Vol. 35 (8), pp. 2084 - 2098.

[194] Chen, L., David, A., Lesmond, J. W., 2007, "Corporate Yield Spreads and Bond Liquidity", *The Journal of Finance*, Vol. 62 (1), pp. 119 - 149.

[195] Chen, T. K., Liao, H. H., Kuo, H. J., 2013, "Internal Liquidity Risk, Financial Bullwhip Effects and Corporate Bond Yield Spreads: Supply Chian Perspective", *Journal of Banking and Finance*, Vol. 37 (7), pp. 2434 - 2456.

[196] Chen, D., Jiang, D., Yu, X., 2015, "Corporate Philanthropy and Bank Loans in China", *Pacific-Basin Finance Journal*, Vol. 35 (PA), pp. 402 - 424.

[197] Chen, T. K., Liao, H. H., Kuo, H. J., 2013, "In-

ternal Liquidity Risk, Financial Bullwhip Effects and Corporate Bond Yield Spreads: Supply Chian Perspective", *Journal of Banking and Finance*, Vol. 37 (7), pp. 2434 – 2456.

[198] Chiao, C., 2002, "Relationship Between Debt, R&D and Physical Investment", Evidence from US Firm-Level Data", *Applied Financial Economics*, Vol. 12 (2), pp. 105 – 121.

[199] Chuluun, T., Prevost, A., Puthenpurackal, J., 2014, "Board Ties and the Cost of Corporate Debt", *Financial Management*, Vol. 43 (3), pp. 533 – 568.

[200] Chava, S., Livdan, D., Purnanandam, A., 2009, "Do Shareholder Rights Affect the Cost of Bank Loans?", *Review of Financial Studies*, Vol. 22 (8), pp. 2973 – 3004.

[201] Chebbi, T., Hellara, S., 2010, "Liquidity and Corporate Yield Spreads: Lesson from Tunisian Bond Market", *International Journal of Monetary Economics and Finance*, Vol. 3 (3), pp. 207 – 226.

[202] Cheng, C. S. A., Denton, C., Henry, H., 2006, "Shareholder rights, Financial Disclosure and the Cost of Equity capital", *Review of Quantitative Finance and Accounting*, Vol. 27 (2), pp. 175 – 204.

[203] Chu, S. Y. T., 2008, "Ultimate Ownership and the Cost of Capital", The Chinese University of Hong Kong.

[204] Chaney, P. k., Faccio, M., Parsly, D., 2011, "The Quality of Accounting Information in Politically Connected Firm", *Journal of Accounting and Economics*, Vol. 51 (1 – 2), pp. 58 – 76.

[205] Ciftci, M., Cready, W. M., 2011, "Scale Effects of R&D as Reflected in Earnings and Return", *Journal of Accounting and*

Economics, Vol. 52, pp. 62 – 80.

[206] Clinch, G., 2013, "Disclosure Quality, Diversification and the Cost of Capital", *Journal of Australian Management*, Vol. 38 (3), pp. 475 – 489.

[207] Clarkson, P., Elijido-Ten, E., Kloot, L., 2010, "Extending the Application of Stakeholder Influence Strategies to Environmental Disclosures", *Accounting Auditing and Accoutability Journal*, Vol. 23 (8), pp. 1032 – 1059.

[208] Collin-Dufresn, P., Goldstein, R. S., Martin, J. S., 2001, "The Determinants of Spread Changes", *Journal of Fiannce*, Vol. 56 (2), pp. 2177 – 2207.

[209] Coles, J. L., Naveen, D. D., Laliha, N., 2006, "Managerial Incentives and Risk Taking", *Journal of Financial Economics*, Vol. 79, pp. 431 – 468.

[210] Cornaggia, J., Mao, Y., Tian, X., Wolfe, B., 2015, "Does Banking Competition Affect Innovation?", *Journal of Financial Economics*, Vol. 115 (1), pp. 189 – 209.

[211] Coase, R., 1937, "The Nature of the Firm", Economica Balckwell Publishing.

[212] David. P., O'Brien, J. P., Yoshikawa, T., 2008, "The Implications of Debt Heterogeneity for R&D Investment and Peformance", *Acdemy of Management Journal*, Vol. 51 (1), pp. 165 181.

[213] Dan, C., Chris, D., 2007, "Liquidity or Credit Risk? The Determinants of Very Short-Term Corporate Yield Spreads", *The Journal of Finance*, Vol. 62 (5), pp. 2303 – 2328.

[214] Deng, S. Y., Willis, R. H., Xu, L., 2014, "Shareholder Litigation, Reputional Loss, and Bank Loan Contracting", *Jour-

nal of Financial and Quantitative Analysis, Vol. 49 (4), pp. 1101 – 1132.

[215] Delianedis, G., Geske, R., 2001, "The Compopents of Corporate Credit Spreads: Default, Recovery, Tax, Liquidity and Market Factors", Working Paper, UCLA.

[216] Dhaliwal, D. S., Li, O. Z., Tsang, A., Yang, Y. G., 2014, "Corporate Social Responsibility disclosure and the Cost of Equity Capital: The Roles of Stakerholder Orientation and Financial Transparency", *Journal of Accounting and Public Policy*, Vol. 33 (4), pp. 328 – 355.

[217] Dirk, H., Miao, J. J., Morellec, E., 2006, "Capital Structure, Credit Risk, and Macroeconomic Conditions", *Journal of Financial Economics*, Vol. 82 (12), pp. 519 – 550.

[218] Dow, J. 2013, "Boards, CEO entrenchment, and the Cost of Capital", *Journal of Financial Economics*, Vol. 110 (3), pp. 680 – 695.

[219] Dragon, Y. J., Tang, H. Y., 2006, "Macroeconomic Conditions, Firm Characterstics and Credit Spreads", *Journal of Finance Serverce Res*, Vol. 29 (11), pp. 177 – 210.

[220] Duffie, D., Saita, L., Wang, K., 2007, "Multi-Period Corporate Default Prediction with Stochastic Covariates", *Journal of Financial Economics*, Vol. 88 (9), pp. 536 – 665.

[221] Duffie, D., Lando, D., 2010, "Term Structures of Credit Spreads with Incomplete Accounting Information", *Econometrica*, Vol. 69 (3), pp. 633 – 664.

[222] Ericsson, J., Renedy, J., 2005, "Estimating Structural Bond Pricing Models", *Journal of Business*, Vol. 78 (2), pp. 707 –

735.

[223] Ericsson, J., Rendy, J., 2006, "Estimating Structural Bond Pricing Models", *Journal of Finace*, Vol. 61 (5), pp. 2219 – 2250.

[224] Fang, X. H., Li, Y. T., Xin, B. H., Zhang, W. J., 2016, "Financial Statement Comparability and Debt Contracting: Evidence from the Syndicated Loan Market", *Accounting Horizon*, Vol. 30 (2), pp. 277 – 303.

[225] Fang, L., Peress, J., 2009, "Media Coverage and the Cross-Section of Stock Returns", *The Journal of Corporate Finance*, Vol. 64 (5), pp. 2023 – 2052.

[226] Fabbri, D., "Law Enforcement and Firm Financing: Theory and Evidence", *Journal of The European Economics Association*, Vol. 8 (4), pp. 776 – 816.

[227] Fama, E. F., French, K. R., 1996, "Multifactor Explanation of Asset Pricing Anomalies", *Journal of Finance*, Vol. 51 (1), pp. 55 – 87.

[228] Fan, J. P. H., Wong, T. J., 2005, "Do External Auditors Perform a Corporate Governance Role in Emerging Markets? Evidence from from East Asia", *Journal of Accounting Research*, Vol. 43 (1), pp. 35 – 72.

[229] Filatotchev, I., Mickiewicz, T., 2001, "Ownership Concentration, 'Private Benefits of Control' and Debt Financing", SSRN Working Paper.

[230] Fields, L. P., Fraser, D. R., Subrahmanyam, A., 2012, "Board Quality and the Cost of Debt Capital: The Case of Bank Loans", *Journal of Banking and Finance*, Vol. 36 (5), pp. 1536 – 1547.

[231] Francis, B., Hasan, I., Wu, Q., 2015, "Professors in the Boardroom and TheirImpact on Corporate Goverance and Firm Performance", *Financial Management*, Vol. 44, pp. 547 – 581.

[232] Francis, B. B., Hasan, I., Song, L., 2007, "Corporate Governance, Credit Protection, and Bank Loan Contracting in Emerging Markets", SSRN Working Paper.

[233] Francis, B. B., Hasan, I., Wu, Q., 2011, "The Impact of CFO Gender on Bank Loan Contracting", Bank of Finland Research Discussion Paper.

[234] Francis, B. B., Hasan, I., 2013, "Zhu Y. Managerial Style and Bank Loan Contracting", Bank of Finland Research Discussion Paper.

[235] Francis, B. B., Hasan, I., Zhu, Y., 2014, "Political Uncertainty and Bank Loan Contracting", *Journal of Empirical Finance*, Vol. 29 (C), pp. 281 – 286.

[236] Francis, J., Lafond, R., Olsson, P. M., 2004, "Schipper, K. Cost of Equity and Earnings Attribute", *The Accounting Review*, Vol. 79 (4), pp. 967 – 1010.

[237] Gao, P. Y., 2010, "Disclosure Quality, Cost of Capital, and Investor Welfare", *The Accounting Review*, Vol. 85 (1), pp. 1 – 29.

[238] Garmaise, M. J., Liu, J., 2005, "Corruption, Firm Governance, and the Cost of Capital", Working Paper.

[239] Ge, W. X., Kim, J. B., Li, T. M., 2016, "Offshore Operations and Bank Loan Contracting: Evidence from Firms that Set Up Subsidiaries in Offshore Financial Centers", *Journal of Corporate Finance*, Vol. 37, pp. 335 – 355.

[240] Ge, W. X., Kim, J. B., Song, B. Y., 2012, "Internal Goverance, Legal Institutions and Bank Loan Contracting Around the World", *Journal of Corporate Finance*, Vol. 18 (3), pp. 413 - 432.

[241] Ghoul, S. E., Guedhami, O., Ni, Y., 2013, "Does Information Asymmetry Matter to Equity Pricing? Evidence from Firm' Geographic Location", *Contemporary Accounting Research*, Vol. 30 (1), pp. 140 - 181.

[242] Goldman, E., Rocholl, J., So, J., 2009, "Do Politically Connected Boards Affect Firm Value?", *Review of Financial Studies*, Vol. 22 (6), pp. 2331 - 2360.

[243] Goss, A., Roberts, G. S., 2011, "The Impact of Corporate Social Responsibility on the Cost of Bank Loans", *Journal of Banking and Finance*, Vol. 5 (7), pp. 1794 - 1810.

[244] Graham, J., Li, S., Qiu, J. P., 2008, "Corporate Misreporting and Bank Loan Contracting", *Journal of Financial Economics*, Vol. 89 (1), pp. 44 - 61.

[245] Grossman, S. J., Hart, O. D., 1986, "The Costs and Benefits of Ownership: A Theory of Vertical and Lateral Integration", *Journal of Political Economy*, Vol. 94 (4), pp. 691 - 719.

[246] Grossman, S. J., Hart, O. D., 1988, "One Share One Vote and the Market for Corporate Control", *Journal of Financial Economics*, Vol. 20 (1 - 2), pp. 175 - 202.

[247] Guha, R., 2003, "Recovery of Face Value at Default: Empirical Evidence and Implications For Credit Risk Pricing", Working Paper, London Business School.

[248] Guedhami, O., Mishra, D., 2009, "Excess Control,

Corporate Governance and Implied Cost of Equity: International Evidence", *The Financial Review*, Vol. 44 (4), pp. 489 – 524.

[249] Güner, A. B., Malmendier, U., Tate, G., 2008, "Financial Expertise of Directors", *Journal of Financial of Financial Economics*, Vol. 88 (2), pp. 323 – 354.

[250] Hasan, I., Hoi, C. K., Wu, Q., 2014, "Beauty is in the Eyes of the Beholder: The Effect of Corporate Tax Avoidance on the Cost of Bank Loans", *Journal of Financial Economics*, Vol. 113 (1), pp. 109 – 130.

[251] Hart, O., Moore, J., 1990, "Property Rights and Nature of the Firm", *Journal of Political Economy*", Vol. 98 (6), pp. 1119 – 1158.

[252] Hart, O., 1995, "Firms, Contract and Financial Structure", Oxford: Oxford University Press.

[253] Hail, L., Leuz, C., 2006, "International Difference in Cost of Equity Capital: Do Legal institution and Securities Matter?", *Journal of Accounting Research*, Vol. 44 (3), pp. 485 – 531.

[254] He, Z. G., Xiong, W., 2012, "Rollover Risk and Credit Risk", *The Journal of Finance*, Vol. 67 (2), pp. 391 – 429.

[255] Helwege, J., Huang, J. Z., Wang, Y., 2014, "Liquidity Effects in Corporate Bond Spreads", *Journal of Banking and Finance*, Vol. 45 (1), pp. 105 – 116.

[256] Hibbert, A. M., Pavlova, I., Barber, J., Dandapani, K., 2011, "Credit Spread Changes and Equity Volatility: Evidence from Dality Data", *The Financial Review*, Vol. 46 (3), pp. 357 – 383.

[257] Howeling, P., Mentink, A., Vorst, T., 2005, "Com-

paring Possible Proxies of Corporate Liqulity", *Journal of Banking and Finance*, Vol. 29 (6), pp. 1331 – 1358.

[258] Houston, J. F., Jiang, L. L., Lin, C., 2014, "Political Connections and the Cost of Bank Loans", *Journal of Accounting Research*, Vol. 52 (1), pp. 193 – 243.

[259] Hollander, S., Verriest, A., 2016, "Bridging the Gap: The Design of Bank Loan Contracts and Distance", *Journal of Financial Economics*, Vol. 119 (2), pp. 399 – 419.

[260] Huson, M. R., Roth, L., 2015, "Cash Holdings and Bank Loan Terms", SSRN Working Paper.

[261] Huang, H. M., Yildirim, Y., 2008, "Leverage, Options liabilities and Corporate Bond Pricing", *Review of Derivatives Research*, Vol. 11 (3), pp. 245 – 276.

[262] Imhof, M. J., Seavey, S. E., Smith, D. B., 2017, "Comparability and Cost of Equity Capital", *Accounting Horizons*, Vol. 31 (2), pp. 125 – 138.

[263] Ivashina, V., 2009, "Asymmetric Information Effects on Loan Spreads", *Journal of Financial Economics*, Vol. 92 (2), pp. 300 – 319.

[264] Jarrow, R. A., Dilip, B. M., 2000, "Arbitrage, Martingales and Private Monetary Value", *Journal of Risk*, Vol. 3 (1), pp. 73 – 90.

[265] Jensen, M. C., Mecking, W. H., 1976, "Theory of the Firm: Managerial Behavior, Agency Costs, and Ownership Structure", *Journal of Financial Economics*, Vol. 3 (4), pp. 305 – 306.

[266] Jonathan, H. W., 2011, "Term Premiums and Inflation Uncertainty: Empirical Evidence from and International Panel Data-

set", *The American Economic Review*, Vol. 101 (4), pp. 1514 – 1534.

[267] Kalimipalli, M., Nayak, S., Perez, M. F., 2013, "Dynamic Effects of idiosyncratic Volatility and Liquility on Corporate Bond Spreads", *Journal of Banking and Finance*, Vol. 37 (8), pp. 2969 – 2990.

[268] Kenneth, D., Demissew, D. E., Jayaraman, V., 2010, "Debt Maturity, Credit Risk and Information Aymmetry: The Case of Municipal Bonds", *Financial Review*, Vol. 45 (3), pp. 603 – 626.

[269] Khurana, I. K., Raman, K. k., 2004, "Litigation Risk and the Financial Reporting Credibility of Big4 Versus Non-Big4 Audits: Evidence from Anglo-American Countries", *The Accounting Review*, Vol. 79 (2), pp. 473 – 495.

[270] Kim, J. B., Tsui, S. L., Yi, C. H., 2011a, "The Voluntary Adoption of International Financial Reporting Standards and Loan Contracting Around the World", *Review of Accounting Studies*, Vol. 16 (4), pp. 779 – 811.

[271] Kim, J. B., Song, B. Y., Zhang, L. D., 2011b, "Internal Control Weakness and Bank loan Contracting: Evidence from SOX Section 404 Disclosures", *Accounting Review*, Vol. 86 (4), pp. 1157 – 1188.

[272] Kim, M., Surroca, J., Tribó, J. A., 2014, "Impact of Ethical Behavior on Syndicated Loan Rates", *Journal of Banking and Finance*, Vol. 38 (C), pp. 122 – 144.

[273] Kim, A., 2014, "The Value of Firms' Voluntary Commitment to Improve transparency: The Case of Special Segments on Euronext", *Journal of Corporate Finance*, Vol. 25 (2), pp. 342 – 359.

[274] Kim, S., Kraft, P., Ryan, S. G., 2013, "Financial Statement Comparability and Credit Risk", *Review of Accounting Studies*, Vol. 18 (3), pp. 783 – 823.

[275] Klassen, K., Pittman, J., Reed, M. A., 2004, "A Cross-national Comparison of R&D Expenditure Decision Tax Incentives and Financial Constraints", *Contemporary Accounting Research*, Vol. 21 (3), pp. 639 – 680.

[276] Knyazeva, A., Knyazeva, D., Masulis, R. W., 2011, "Effects of Local Director Markets on Corporate Boards", SSRN Working Paper.

[277] Kounitis, T. I., 2007, "Credit Spread Changes and Volatility Spillover Effects", *International Journal of Social, Education, Econonics and Management Engineering*, Vol. 1 (6), pp. 218 – 223.

[278] Krishman, J., Chan, L., Wang, Q., 2013, "Auditor Industry Expertise and Cost of Equity", *Accounting Horizons*, Vol. 27 (4), pp. 667 – 691.

[279] La Porta, R., Lopez-de-Silanes, F., Shleifer, A., Vishny, R. W., 1997, "Legal Determinants of External Finance", *Journal of Finance*, Vol. 52 (3), pp. 1131 – 1150.

[280] La Porta, R., Lopez-de-Silanes, F., Shleifer, A., Vishny, R. W., 1998, "Law and Finance", *Journal of Political Economy*, Vol. 106 (6), pp. 1113 – 1155.

[281] Laeven, L., Majnoni, G., 2005, "Does Judicial Efficiency Lower the Cost of Credit?", *Journal of Banking and Finance*, Vol. 29 (7), pp. 1791 – 1812.

[282] Lambert, R., Leuz, C., Verrecchia, R., 2005, "Accounting Information, Disclosure, and the Cost of Capital", Working

Paper.

[283] Lambert, R. A., Leuz, C., Verrecchia, R. E., 2012, "Information Asymmetry, Information Precision and the Cost of Capital", *Review of Finance*, Vol. 36 (2), pp. 882 – 898.

[284] Leuz, C., Verrecchia, R., 2004, "Firms' Capital Allocation Choices, Information Quality, and the Cost of Capital", Working Paper.

[285] Lee, D. D., Faff, R. W., 2009, "Corporate Sustainability Performance and Idiosyncratic Risk: A Global Perspective", *Financial Review*, Vol. 44 (2), pp. 213 – 237.

[286] Liao, H. H., Chen, T. K., Lu, C. W., 2009, "Bank Credit Risk and Structure Credit Models: Agency and Information Asymmetry Perspectives", *Journal of Banking and Finance*, Vol. 33 (8), pp. 1520 – 1530.

[287] Lindset, S., Lund, A. C., Person, S. A., 2014, "Credit Risk and Asymmetric Information: A Simplified Approach", *Journal of Economic Dynamics and Control*, Vol. 39 (1), pp. 98 – 112.

[288] Li, G., 2005, "Information Quality, Learning, and Stock Market Returns", *Journal of Financial and Quantitative Analysis*, Vol. 40 (3), pp. 595 – 621.

[289] Lim, M., How, J., Verhoeven, P., 2014, "Corporate Ownership Structure, Corporate Governance Reform and Timeliness of Earnings Malaysian Evidence", *Journal of Contemporary Accounting and Economics*, Vol. 10 (1), pp. 32 – 45.

[290] Li, S. Q., 2010, "Does Mandatory Adoption of International Financial Reporting Standards in the European Union Reduce the Cost of Equity Capital?", *The Accounting Review*, Vol. 85 (2),

pp. 607 – 636.

［291］ Longstaff, F. A. , Schawrtz, E. S. , 1995, "A Simple Approach to Valuing Risky Fixed and Floating Rate Debt", *Journal of Finance*, Vol. 50 (3), pp. 789 – 819.

［292］ Longstaff, F. , Mithal, S. , Neis, E. , 2005, "Corporate Yield Spreads: Default Risk or Liquidity? New Evidence from the Credit-Default Swap Market", *Journal of Finance*, Vol. 60 (5), pp. 2213 – 2253.

［293］ Lombardo, D. , Pagano, M. , 2000, "Law and Equity Markets: A Simple Model", Working Paper.

［294］ Lu, C. W. , Chen, T. K. , liao, H. H. , 2010, "Information Uncertainty, Information Asymmetry and Corporate Bond Yield Spreads", *Journal of Banking and Finance*, Vol. 34 (9), pp. 2265 – 2279.

［295］ Lugo, S. , 2016, "Inside Ownership and the Cost of Debt Capital: Evidence from Bank", SSRN Working Paper.

［296］ Malloy, C. J. , 2005, "The Geography of Equity Analysis", *Journal of Finance*, Vol. 60 (2), pp. 719 – 755.

［297］ Mizruchi, M. S. , Stearns, L. B. , 1994, "A Longitudinal Study of Borrowing by Large American Corporations", *Aaministrative Science Quarterly*, Vol. 39 (1), pp. 118 – 140.

［298］ Modigliani, F. , Miller, M. H , 1958, "The Cost of Capital, Corporate Finance and Theory of Investment", *The American Economic Review*, Vol. 48 (3), pp. 261 – 297.

［299］ Moerman, R. W. , 2005, "The Impact of Information Asymmetry on Debt Pricing and Maturity", Working Paper.

［300］ Ng, J. , 2011, "The Effect of Information Quality on Liquidity Risk", *Journal of Accounting and Economics*, Vol. 52 (2 - 3), pp. 126 - 143.

[301] Oded, S., Arthur, W., 1989, "Bond Price Data and Bond Market Liquidity", *The Journal of Financial and Quantitative Analysis*, Vol. 24 (3), pp. 367 - 378.

[302] Oikonomou, I., Brooks, C., Pavelin, S., 2014, "The Effects of Corporate Social Performance on the Cost of Corporate Debt and Credit Ratings", *The Financial Review*, Vol. 49 (1), pp. 49 - 75.

[302] Park, Y. W., Shin, H. H., 2004, "Board Composition and Earnings Management in Canada", *Journal of Corporate Finance*, Vol. 10 (3), pp. 431 - 457.

[304] Piot, C., Missonier-Piera, F., 2009, "Corporate Governance Reform and the Cost of Debt Financing of Listed French Companies", SSRN Working Paper.

[305] Plumlee, M., Marshall, S., Brown, D., 2009, "Voluntary Environment Disclosure Quality and Firm Value: Roles of Venue and Industry Type", Working Paper.

[306] Porter, M., 1992, "Capital Disadvantage: America's Falling Capital Investment System", *Harvard Business Review*, Vol. 70 (5), pp. 65 - 72.

[307] Richardson, A., Welker, M., Hutchinson, I., 1999, "Managing Capital Market Reaction to Corporate Social Responsibility", *International Journal of Managing Reviews*, Vol. 1 (1), pp. 17 - 27.

[308] Richardson, A. J., Welker, M., 2001, "Social Disclosure, Financial Disclosure and the Cost of Equity Capital", *Accounting, Organizations and Society*, Vol. 26 (7 - 8), pp. 597 - 616.

[309] Roberts, G., Yuan, L. Z., 2010, "Does Institutional

Ownership Affect the Cost of Bank Borrowing?", *Journal of Economics and Business*, Vol. 62 (6), pp. 604 – 626.

[310] Ross, S., 1973, "The Economics Theory of Agency: The Principal's Problem", *Amercian Economics Review*, Vol. 63 (2), pp. 134 – 139.

[311] Ronald, B., David, R., Paul, B., 2004, "The Impact of Stock Market Volatility on Corporate Bond Credit Spreads", *Mathematics and Computers in Simulation*, Vol. 64 (3 – 4), pp. 363 – 372.

[312] Schaefer, S. M., Strebulaev, I. A., 2008, "Structural Models of Credit Risk are Useful: Evidence From Hedge Ratios on Corporate Bonds", *Journal of Financial Economics*, Vol, 90 (1), pp. 1 – 19.

[313] Sengupta, P., 1998, "Corporate Disclosure Quality and the Cost of Debt". *Accounting Review*, Vol, 73 (4), pp. 459 – 474.

[314] Simon, G., Vladimir, Y., Egon, Z., 2009, "Credit Market Shock and Economic Fluctuations: Evidence from Corporate Bond and Stock Markets", Working Paper Series, Monetary Economics.

[315] Strahan, P. E., 1999, "Borrower Risk and the Price and Nonprice Terms of Bank Loans", SSRN Working Paper.

[316] Strol, G., 2013, "Earnings Manipulation and the Cost of Capital", *Journal of Accounting Research*, Vol. 51 (2), pp. 449 – 473.

[317] Tannous, G., Wang, J., Wilson, C., 2013, "The Intraday Pattern of Information Asymmetry, Spread, and Depth: Evidence from the NYSE", *International Review of Finance*, Vol. 13 (2),

pp. 215 - 240.

[318] Titman, S., Tureman, B., 1986, "Information Quality and the Valuation of New Issues", *Journal of Accounting and Economics*, Vol. 8 (2), pp. 159 - 172.

[319] Wang, C., Xie, F., Xin, X. G., 2011, "Managerial Ownership of Debt and Bank Loan Contracting", SSRN Working Paper.

[320] Warga, A., 2000, "A Empirical Study of Bond Market Transactions", *Financial Analysis Journal*, Vol. 56 (6), pp. 32 - 46.

[321] Wu, L., Zhang, A., 2005, "No-Arbitrage Analysis of Economics Discussion Series", Federal Reserve Board, Washington D. C.

[322] Xie, B., Davidson, W., Dadalt, P., 2003, "Earnings Management and Corporate Governance: The Roles of the Board and the Audit Committee", *Journal of Corporate Finance*, Vol. 9 (3), pp. 295 - 316.

[323] Yu, F., 2005, "Accounting Transparency and the Term Structure and Credit Spreads", *Journal of Finance Economics*, Vol. 75 (1), pp. 53 - 84.

[324] Zhang, S., 2016, "Institutional Arrangements and Debt Financing", *Research in International Business and Finance*, Vol. 36 (1), pp. 362 - 372.